「みんなの学校」が教えてくれたこと

学び合いと育ち合いを見届けた3290日

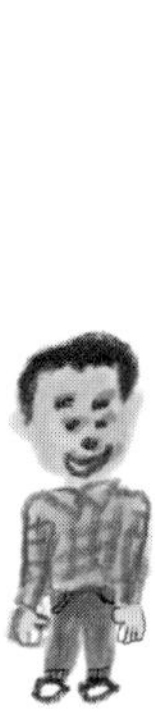

『みんなの学校』とは

『みんなの学校』は、大阪市住吉区にある公立小学校「大阪市立大空小学校」を、２０１２年度のまるまる１年間を追ったドキュメンタリー映画である。

「すべての子どもの学習権を保障する学校をつくる」

初代校長を務めた木村泰子と教職員らが掲げた理念のもと、06年開校以来「みんながつくる、みんなの学校」を目指してきた。

その結果、12年度の大空小学校に在籍した児童約２２０人のうち、特別支援の対象となる数は30人を超えていたが、すべての子どもたちが同じ場で学び合った。

さまざまな個性の子どもたちがともに学び合う大空小はまた、地域に開かれた学校として、多くの大人たちで子どもを見守り育んできた。教職員は通常のルールに沿って加配されているが、地域住民や学生ボランティア、保護者そして子ども自らが自分の学校「大空小」をつくっている。

えてして学校は、担任ひとりが自分のクラスを任される「学級王国」の集合体になりがちだ。ところが、大空はそうではない。教師のみに限らず、校長教頭を含む管理作業員、給食調理員、事務職員の全教職員ですべての子どもを育てる学校づくりを目指している。「支援すべき子は日々変わる」の意識は全教員に貫かれているから、不登校はゼロ。さらに言えば、モンスターペアレントもゼロである。

校則はないが、「自分がされていやなことは人にしない。言わない」という『たったひとつの約束』がある。子どもはこの約束を破ると「やり直す」ために、「やり直しの部屋」と呼ばれる校長室へとやってくる。

映画の前に放送されたテレビ版『みんなの学校』は、13年度（第68回）文化庁芸術祭大賞を獲得した。その受賞理由はこうだ。

「他の地域では厄介者扱いされていた転校生が、教師と同級生、そして地域が包み込むことで、素直で心優しい子どもに成長していく姿は、見ている者の心を熱くする。大空小学校の試みは、上からの教育改革とは一線を画す、現場からの教育改革でもある」

映画は15年2月に封切られると、じわじわと話題になりロングラン&自主上映されるように。文部科学省特別選定にもなった。

「みんなの学校」が教えてくれたこと

学び合いと育ち合いを見届けた3290日

目次

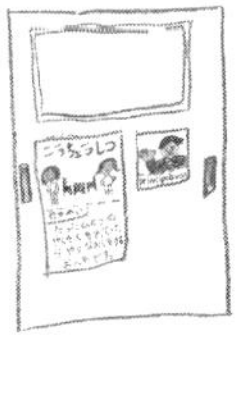

第2章 学び合い、育ち合う

第3章 私の原点

第4章 教師は学びの専門家

第5章　「みんなの学校」をつなぐ

プロローグ
２０１５春　最後の修了式

２０１５年３月25日。

大空小学校９回目の修了式は、圧巻でした。

体育館に入った私は、目を疑いました。

「あんたら、みんな、なんでおるん？」

なぜなら、卒業したはずの６年生のほとんどが、目の前にいるのです。

「そこ、ゆがんでるで。ちゃんと並びや」

まるで月曜日の全校朝会のときと同じように、それぞれがリーダーとして動いています。大空では、先生が前に立ち、号令で子どもを動かすことはしません。大空のリーダー（すべての６年生）が自分と同じ列に並ぶ１年生から５年生までの子どもたちに声をかけます。

実は、これまでも毎年３学期の修了式には、卒業した６年生が何人かはやってきていました。ただ例年は、やってきた卒業生は、後方のサポーター（保護者）や地域の方といっしょに恥ずかしそうに立っているのが常でした。大空の教職員がつくる「大空劇団」が、修了式に長期の休みをどう過ごすかを寸劇で伝えるのを見に来るのです。

ところが、この年の彼らは当然のように、そこにいました。卒業前まで自分たちが並んでいた場所にいるのでした。

体育館のなかは、いつもと変わらない空気に包まれています。唯一違うのは、卒業生が履いていた来客用のスリッパがぺたぺたと音を鳴らしていたことです。

修了式が始まりました。子どもたちは卒業したはずの6年生も含め、床に座っています。式では、とりたててスペシャルなことを話す必要はありません。

「卒業生、スタンダップ」

私は、目の前にいる卒業生の姿を、みんなに見せたくなりました。

「みんな、卒業生の姿をしっかり見ときや」

そして、バトンタッチするサブリーダーであるすべての5年生に向かって言いました。

「5年生、バトンをつなぎや」

大空には、実際にバトンがあります。開校以来リーダーからサブリーダーにバトンが渡される象徴として、4年目から手作りのバトンが大事に引き継がれているのです。

その日は、私を含めて半数以上の教職員にとって大空での「最後の修了式」でした。退職や異動のため、大空を去ります。本来は「みなさんの顔を見るのは今日が最後です」といった話をするのかもしれませんが、私はそのことには一切ふれませんでした。私たち教職員は、子どもにとって「風」の存在だからです。

今から10年前。２００６年の学校創立以来、私たちは「みんながつくる　みんなの学校」を合い言葉に、「すべての子どもの学習権を保障する学校をつくる」を学校の理念に掲げてきました。校門の壁には、その思いが表示されています。

みんながつくる　みんなの学校　大空小学校は　学校と地域が共に学び共に協力しあいながら「地域に生きる子ども」を育てている学校です。

開校時、同僚とこんな話をしたのを覚えています。

「大空は21世紀に生まれた学校。10年後の世の中がどうなってるのかを想定して、学校づくりをしよう」

「10年後は、多様な価値観を認め合い、さまざまな個性のある子どもたちが、同じ場所で学び合う世の中になる。大人も子どもも、学び合い、育ち合える学校をつくろう」

特別な研究指定校でもなく、開校以来「インクルーシブ教育※」という言葉を使ったこともありません。当たり前のことを、当たり前に、みんなで取り組んできました。

考えてみると、当たり前の教育を行っている大空小学校が話題になること自体が、今の学校教育の現状に問題を投げかけているように感じます。

本書がみなさまにとって、どのくらい価値あるものになるのか、私には想像もつきません。

すべての子どもが地域の学校に居場所をつくり、自分から自分らしく周りの人たちと学び合えることを、心から願います。

2015年　猛暑の8月に　　大阪市立大空小学校初代校長　木村泰子

※インクルーシブ教育……障害の有無によらず、誰もが地域の学校で学べる教育

※本書に登場するカタカナ名の人物はすべて仮名です。

第1章

「みんなの学校」の子どもたち

信じられるから、いっしょにいられる

2015年春。2日前に巣立った卒業生がやってきた3月25日の修了式に、ケイは来ていませんでした。ほかの子によれば、ケイは「僕はもう小学校を卒業したので、修了式は行きません。僕はもう中学生ですから！」と言って、断ったそうです。

「ケイがそんなこと言うたん？　いやぁ、大人になったなぁ」

「けど、なんか寂しいな。ほんまに卒業したんやなぁ」

そんなふうに、巣立った子の成長を喜んだり、別れを惜しんだりしました。

ケイは4年生の春、大空に転校してきました。3年生までほかの公立小学校の特別支援学級に通っていましたが、その教室にいられるのは1時間か2時間が限界でした。ほとんど友だちと遊んだことはありません。

学校で活動をしていないからなのか、先生が世話を焼くからなのかはわかりませんが、持ち帰ったランドセルのなかは毎日きれいに整頓されている。鉛筆はいつもぴんぴんに尖《とが》っている。週末に持ち帰る上履きは、洗う必要もないほどきれいなままだったそうです。

「少しでも長く通える学校に転校させたい」

そう思ったお母さんは、何校も見学した結果、ケイとふたりで大空の校区内に引っ越してきました。

はじめのころは毎日のように脱走計画を立てていました。同じ空組の子や教職員が迎えに行くと、待っていたかのようにすぐに手をつないで戻ってきます。

それでも、脱走計画は止まりません。私は校長室に「やり直し」に来たケイに話しました。

「ケイは空組の友だちのことを信用せなあかんと思うよ。ケイがみんなを信用してへんから、ケイがおりにくいんやと思うで。でも、大空小学校は、自分がつくっている学校です。ケイが安心しておれないわけがない」

校長室にいるケイを誰かしら迎えに来ます。そんなときに登場するのは、頼りになる子と思われるでしょうが、必ずしもそうではありません。自らの気持ちで迎えに来る子もあれば、ケイにかかわることで学ばせたいとこちらが意図的に考えるときもあります。

友だちが誘っても、最初はいっしょに遊べなかったケイですが、少しずつ輪のなかに入れるようになりました。かかわるようになると、衝突も生まれます。手を引っ張ったなど、毎日さまざまなことが起こります。

こうちょうしつ
せつめい
たったひとつのやくそくをやぶったらやりなおしをするおへやです。
principal's room

他人の気持ちをわかるようになる。そして、その状況に応じて謝ることができるのは、ケイのような個性の子どもには大きな課題です。

彼は毎日、笑顔で学校に来ました。最初、学校まで連れてきていたお母さんに、途中でバイバイと手を振るようになり、最後は家の前で行ってきますをすると、振り向きもせず学校へ向かうように。そのころはもう、ケイが教室を脱走することもなくなりました。仲間を信じられるようになったケイは、居場所を手に入れました。

親は誰しも、子どもが毎日生き生き笑顔でいてくれるのが一番うれしいに決まっています。お母さんは、涙ぐみながらケイの成長を語ってくれました。

「ランドセルのなかが毎日ぐっちゃぐちゃで、鉛筆が全部折れてたり、半分までちびっこくなってると、すごくうれしいんです。前は、いつ筆箱を開けても（使わないから）ぴんぴんに尖った鉛筆だったでしょ。上履きも泥だらけで、真っ黒に汚れたのを洗うのがホントうれしい」

そして1年。ケイは病気の日以外ほぼ休みなく学校に通い続け、4年生の修了式を迎えました。「学習の記録」を受け取った彼は、いの一番にそれを教室の外で見つめていたお母さんに手渡そうとしましたが、お母さんは笑顔でケイの手に戻しました。1年間学習に取り組んだ成果でもある分厚いファイルを、胸に抱えたケイは本当にうれしそうでした。

「本当にありがとうございます。あの子がこんなふうに毎日学校に行けるなんて、勉強に向かえるようになるなんて思いもしませんでした」

ぴんぴんの鉛筆に胸を突かれるような痛みを味わっていたお母さんは、ケイの成長を目の当たりにしてうれし涙を流されました。

ケイは卒業まで、周りの子どもや大人を学ばせてくれました。教育委員会の方が来校された日のことです。

校長室はみんなの部屋です。よって、その日も校長室にいたケイは、入ってこられたグストの方に向かって堂々と自己紹介をしました。

「6年大地組の、エロい本が大好きなケイです」

それを聞いていた友だちから「それは、ここでは言うたらあかんやろ」と突っ込まれていました。

たくさんの言葉を獲得し、かけがえのない仲間とともに成長を遂げたケイは卒業式で、たったひと言お礼を言いました。

「みなさん、どうも、ありがとうございました」

ところで、卒業後の大空の修了式に現れなかったケイでしたが、なぜか4月の始業式に姿を現しました。

「おはようございます！」

大きな声であいさつしてから職員室に入ってきたこの中学生に、大空の免疫がない新たに赴任してきた教職員たちは度肝を抜かれたそうです。

目を白黒させている職員をしり目に、彼は次々呼びかけました。

「みんなで頑張って大空小学校をつくってくださーい！」

そのうちに、私を含め、知った顔の職員がいないことに気づきました。何しろこの年は半数以上の教職員が入れ替わったため、ケイはとにかく驚くばかり。

「みんな、どうしていないんだ？　校長は？　教頭は？　先生は？」と、探していたそうです。

ケイはそれから数日間、朝はまず大空小学校に来て、それからパトレンジャー（登下校の見守りをする地域ボランティア）の方をお供に中学校に登校しました。

「ケイちゃん、遅刻やで！」

学校の窓から見送る後輩たちに、ケイはとびっきりの笑顔を見せながら親指を立てていたそうです。

かかわる大人次第で変わる子ども

もうひとり、ケンの成長をお伝えします。3年生の途中で転校してきたケンは、前の学校にまったく通えていませんでした。しかも、学校からの彼に関する申し送りは「すぐにキレて暴力をふるい、自分で何かを考えることができない」という散々なものでした。そのほかにも「いかに扱いにくいか」が伝えられました。

私はそれらの情報を教職員に知らせましたが、「これはあくまでも前の学校の見立てです。先入観で子どもにかかわらず、あくまでも自分の目で彼を見ていこうな」と話しました。全校集会でも、子どもたちに言いました。

「ケンさんはこれまで、みんなのように毎日学校に行くことはできませんでした。ケンさんのことは、みんなが自分の目で見て、理解してください」

他人の噂や意見に惑わされず、自分の感性で人を理解しよう――子どもと教職員、そして私自身へのメッセージでもありました。

1日、2日、3日と過ぎていきましたが、なんら変わった様子はありませんでした。友だち一人ひとりの自己紹介に対し「よろしくお願いします」と丁寧に応じ、休み時間は校庭でみんなと遊びました。なんの問題もなく、周囲に溶け込んでいました。

ところが、転校してきてひと月ほど経ったころ、ケンが授業中、初めて教室を飛び出してしまいました。「全校道徳」の学習シートに自分の考えを書くのですが、「わからん」と書いたところ、クラスの子に「わからんと書いたらあかん」ととがめられたのが原因でした。

ケンを教頭といっしょに教室まで引っ張っていき、クラスの子どもたちに話しました。「ケンはみんなのように毎日学校に行かれへんかってん。みんなができることでもわからんことが出てくる。そうしたら、それはケンにとってはわからへん。わからんって書くのは大正解や」

指摘した子にもちろん悪気はありません。ですが、自分と他人の違いを知る。違いを受け止めることを学ぶ、その子にとって良いチャンスだと思いました。それとともに、ケンは物事を非常に論理的にとらえるところがあり、さらにそこに強いこだわりがある。彼のそういった部分が前の学校では折り合いをつけられず、衝突してしまったのではないかと考えました。

それまでケンは、母親から自分は「発達障がいがある」と聞かされていました。難しい場面に出くわすと「おれ、発達障がいやから、できへん」と言い訳することがありました。「そうなん。でも、先生はケンはそうじゃないと思うよ。それに、障がいがあるからできへんとか言うのは、ケンらしくないと思うで」

私はそう返しました。

彼は自分の言葉をもっている、非常に賢い子でした。友だちや教職員とこじれると「これはこうしてこういう理由でこうなったから、僕は悪くない」。そんなふうに、良く言えば理路整然と説明する。悪く言えば、理屈をこねるところがありました。上から押さえつけたいタイプの大人がもっともてこずる子かもしれません。大人が納得させずに勝手にジャッジすると、どこまでも暴れてしまうのです。

けれど反対に、大空では、彼のその特性を活用して、大人がきちっと向き合うことを大切にしました。「そんなこと、子どものくせに言うたらあかん」などとバリアを張らず、「こうしたら、こうなるかもよ」と、事実だけを意見として伝えたりしました。

ケンはこれまで、自分の語る言葉をすべて周りの人たちから否定されてきたと思っています。だから、余計にかたくなになってしまい、どこまでも自分を主張するところが「周りの子と違っておかしい」と受け取られてしまう。

でも、ケンの言うことを落ち着いて聞き、おかしなことを言ったと思ったら、否定ではなく「わからんから、教えて」と言いながら聞いていけば、そこにジャッジは入りません。そうすると、ケンは必ず「これはおれが悪かったな」と気づいて、素直に良い方向へと自分から行動に移すのです。

5年生になり、サブリーダーとしても活躍しました。ある日は、女の子ふたりが学校から抜け出そうと計画していることを察知。「あの子ら出ていこうとしてる！　止めなあかん」と周囲に知らせたのです。しかも、その子たちに「こんなことしたらあかんやろ！」と諭したといいます。そのように自分を表現できるようになったケンは、私が大空から去った春、大空のリーダーである6年生になりました。

彼の小学校最後の年がスタートした始業式。久しぶりに駄々をこねました。

「校長先生、なんでおらへんねん？　なんでやねん。おれ、もう、学校けえへん！」

ケンの心の内を読み取った教頭は、瞬時に私に連絡をしてきました。

そこで、新任の校長と作戦を立て、私から直接電話で説明することにしました。

「校長先生、なんでおれへんようになったん？　急におらんくなって。おれ、わからへん」

私は、退職というルールみたいなものがあること、3月31日で校長の役目が終わったことを話しました。そして、次の校長にバトンをつないだことを伝えました。

「へえ。それならわかった」

いともあっさり理解したのでした。

ケンのように、周囲の環境が変化したり、大人のかかわり方が変わると、まったく違う顔を見せる子は少なくありません。しかし、きちんと説明されれば、必ず納得できるのです。一つの病院で「障がい名」をつけられたけれど、違うドクターには「障がいではない」と言われる子どもは少なくありません。

子どもの対応や教育にはマニュアルがありません。どんな対応が正解かはわからないし、答えも一つではありません。だから、私たちは子どもに学ぶしかないのです。

子どもの居場所をつくる

大空では、ケイやケンのようにわかりにくいと思われる子が、ときとして学びのリーダーになり、みんなと学び合い、育ち合います。彼らは「支援が必要とされる」子どもですが、実際に支援が必要なのは彼らだけではありません。

実は「支援を必要とする子」は日々変わります。学校は最初から「障がい」や「虐待」など、ひとりの子どもを「くくり」で決めつけて見てしまいがちですが、そうすると大人の手からこぼれ落ちる子が必ず出てきます。

私たちだけでなく、地域の人たちとともに、こぼれ落ちないよう6年間見守ってきたのが、レイという男の子です。開校2年目の2007年に入学してきました。

「あの子が来るんやったら、大空小学校はやめとこう」と保護者が自分の子を入れるのを躊躇《ちゅうちょ》している――そんな噂が立てられるような存在でした。

「レイ、今日はもう登校してるで」と言いながら、職員室で教職員が喜ぶ。そのくらい気にかかる背景のある子どもでした。

レイがランドセルを開けると、なかからゴキブリが勢いよく飛び出します。子どもたちはぎゃーっと叫びます。「また、レイがゴキブリ持ってきたぁ」と訴えながら逃げ回るのでした。レイ自身がいたずら心でゴキブリを持ってくるはずはなく、本人の気がつかないところでくっついてきてしまうのでしょう。

家庭訪問に行った教職員によると、家のなかは決して衛生的に保たれていませんでした。夏になると、彼の体からは、えも言われぬにおいが漂います。登校したレイが靴箱の前で上靴に履き替えるときもにおいがプーン。「臭ーい！　レイ、やめてくれ～。おられへん」と叫ぶほどでした。

そのような状況で、レイが周りの子どもたちとどう過ごしてきたか。「それぞれ事情があるので我慢しましょう」といったきれいごとで、子どもたちの関係は決して成り立ちません。

私は子どもに言いました。

「臭いのは事実。なぜ臭いのかを知ろうや。だいたい、なんで臭いの我慢するの？　臭かったら、臭いってレイに直接言いや。言うのを我慢してレイのそばから離れるのは、おかしいやろ？」

レイとその周りの子どもたち、教職員は、何度もこのことについて考え、話し合いました。以下は、４年生のときの子どもたちとの会話です。

私「レイがなんで臭いかわかる？」
子ども「服、洗濯してへんから臭い」「お風呂入ってへんから臭い」
私「みんなの洗濯は誰がしてる？」
子ども「お母さんとか、家の人」
私「そうやな。自分らは、家の人が洗濯してくれるな。お風呂も沸かしてくれるやろ。でも、レイは自分で洗濯するねんで。洗濯できんかったら、おんなじ靴下履いてこなあかん。みんなも3日同じ靴下履いとったら、臭くなるやろ？」
子ども「なんで？　レイのおばちゃん、いてへんの？」
私「いてはるよ」
子ども「いてるのに、洗濯せえへんの？」

私「レイのお母さんな、朝早くから夜遅くまで仕事やねん」
子ども「ふーん……」

子どもたちは、レイの家庭と自分たちの家庭との違いに、なんとなくですが、気づいてきます。そんな話をしたあとで、目の前の子どもたちに尋ねました。

「みんな、レイのこと、おまえ、臭いな！　言うてるけど、その〝臭いな！〟は、今から言う、どっちの自分から出る言葉なん？　一つは、おまえ、臭いからあっち行け！　出ていってくれ！　いう〝臭いな！〟て思う自分？　それとも、いっしょに教室にいたいからなんとかにおわんようにしてくれよっていう自分？　どっちの自分なんか聞かせて」

子どもは正直です。全員が「出ていってくれ！　のほうの自分」に手を挙げました。

ところが、子どもの周りにいる私たち大人がこのように「通訳」をしていくなかで、目の前で起きている物事の「本質」に、子ども自らが気づき始めます。決して答えを言わず「こうしてみたら？」と提案もしない私たちの目の前で、「レイといっしょに教室におれるにはどうしたらいいか」を考え始めます。

レイには「臭いで。自分でできることをし！」と促しました。すると、ひとりの子がレイに向かって言いました。

「おまえな、水でいいから、学校来てから頭洗えや」

ほかの子も「そやそや。学校で髪の毛洗ったらええんや」と賛成。そこで、私はレイに「明日は10分早く学校においで」と言い、校長室にシャンプーと石けんを用意しました。

翌日から、登校するとシャンプーと石けんを抱えて手洗い場に行き、頭を洗い、足の裏を洗い、顔も洗って教室に行くようになりました。暖かい季節だけでしたが、それ以来、子どもたちの訴えはなくなりました。そうやってレイは大空に、自分の居場所を見つけたのでした。

「自分のために頑張れ」

子どもと教職員、サポーター（保護者）とともに、学校をつくっていく大人が大空にはほかにもいます。学校の外からやってきて、学校を力強く支えてくれる地域の人々です。地域の人は毎日のように学校へ来て、さまざまな形で子どもたちとふれ合います。また「大空パトレンジャー」といって、子どもたちの登校する様子を見守ってくれています。

学校の内を支えているのは、管理作業員です。大阪市のホームページによると、業務内容は「学校園の環境整備業務（学校園内外の清掃や、園芸業務、施設・設備の営繕業務等）」

となっていますが、大空の管理作業員は、場合によっては担任よりも子どものことをよく理解しています。

子どもたちを毎朝校門で出迎えているためか、彼らが何気なく発した言葉で家庭状況などの異変を敏感に感じとります。また、遅刻なのか、欠席なのか、朝連絡の取れない子の家に自転車を飛ばして様子を見に行くこともあります。

レイは、この管理作業員とパトレンジャーの人々に温かく育んでもらいました。朝学校に行けなくてモゾモゾしていると、管理作業員が自転車で様子を見に行きます。集団登校に間に合わず遅刻してしまえば、自宅近くでパトレンジャーの方が待っていて学校まで付き添ってくださいます。

にもかかわらず、６年生の秋になって、レイは事件を起こしました。パトレンジャーの男性をちょっとした言葉の誤解から、蹴ってしまったのです。そのことを管理作業員に聞いた私たちは、朝のミーティング中だったので、全教職員の前にレイを呼びました。

レイは職員室の扉のガラス窓から半分顔をのぞかせてから、神妙な顔で入ってきました。

「今日の朝のこと、自分で言ったほうがいいと思うよ」

「……」

「言わないのなら、質問を変えます。今朝、パトレンジャーの中田さんに何をしましたか?」

「……」

「中田さんに回し蹴りしたのと違いますか？」

「違います！」

「どう違いますか？」

「普通に蹴っただけです」

そこで私は話しました。

「そうですか。普通に蹴っただけですか。あのな、中田さん、あんたにぎょうさん声かけたり、つつきはったりするかもしれへん。それがたまにあんたにとってはいやなことかもしれへん。でもな、中田さん、あんたのこと、かもたらな（かまわなければ）あかん思てくれてはるんや。そんだけ、あんたのこと思てるんやで。あんたにとっては無視されるほうがもっとつらい話や。中田さんがあんたのことわかろう思う気持ち、あんたはわからなあかん」

その後、レイは、自分をわかってもらうために、教頭といっしょに中田さんの家に行きました。

いっしょに行ってくださった地域の久保さんによると、中田さんは気持ちよく謝罪を受けてくれたそうです。レイを包み込むようにして、その両手を握って「仲良くしようね」

と言ってくださったのでした。

中田さん宅から戻ってきたレイは、職員室で自分の考えを書きました。机に這いつくばって鉛筆を動かす姿を見ているとき、パトレンジャーの中田さんから電話がありました。

「ほんまにすみませんでした。いやな思いをさせてしまって……。えっ？　あの子がそんなことを？」

謝りに行ったレイは、中田さんが握手しようと差し出した手に、修学旅行で買った勾玉《まがたま》のお守りを黙って握らせたのでした。表面ではぶっきらぼうで粗暴なところもあるレイですが、本当は人を思う優しい心の持ち主なのです。

「ほんま、わっかりにくいヤツやなあ」

受話器を置いた私は、込み上げるものを抑えきれず、同僚たちとその喜びを共有しました。みんなの目には私と同様に、熱いものがありました。ふと見ると、レイはすでに職員室から消え、１枚の自分の考えを書いた紙が机の上に残されていました。

今日けったことをあやまりに行って
許してもらったけど　どんな人でも手を出すのは
よくないと昨日学んだのに今日やってしまった。

そしてパトレンジャーの人が
「自分にはまだ未来があるから　いっしょにがんばろう」
とゆわれたので　これからどんな人でも　いっしょに
手を出さずにがんばりたいと思いました。

卒業式。大空では、卒業生が一人ひとり、6年間大空小学校をつくってきた大空のリーダーとして、卒業メッセージを伝えます。誰がどんなことを話すのか、卒業式当日まで誰も知りません。大空での学びを、自分の言葉で、自分らしく述べるのです。

レイは、サポーターや地域の人たちに向かって、こう言いました。

「今まで、僕のことを見守ってくれてありがとうございました。これからも……これからも……ずっと見守っていてください」

そして、きちっと背筋を伸ばし、私の前に立ちました。口をぎゅっと真一文字に結び、真っすぐな目で私を見つめています。

卒業証書を手渡すとき、その子にだけ聞きとれる声で、一人ひとりに言葉を贈ります。

私はレイに向かって、伝えました。

「自分のために、頑張れ」

レイは照れくさそうに、ニコッとしました。

（よっしゃ、わかってる）

私は、彼の声にならない声を聴いた気がしました。

心のひだが見えにくい子

このようにさまざまな課題のあるレイでしたが、見事に自分らしく堂々と卒業していきました。ところが、家庭の事情で突然引っ越すことになり、彼だけみんなと違う公立中学校に行くことになったのです。

大空の子がみんな行く中学校とは、常に大空の子どもの状況を伝え合っていました。そんなふうに連携を取っていたので、突然の引っ越しはとても残念で不安なことでした。それに、校区外の中学校に通うということは、6年間いっしょに過ごしレイの多くを知る大空の仲間と離れ離れになるわけです。自分のことをまったく知らない同級生、先生たちのいる学校は、彼にとってハードルは高い。

彼の行く末に不安を抱えた私たちは、中学校に対し、彼のことを少しでも理解してもらえるように伝えました。照れ屋で不器用でわかりづらい性格も伝え、「彼を理解するには時間がかかるので、ぜひ丁寧に気持ちをほぐしてやってほしい」と伝えました。

「わかりました」と言ってくださいましたが、中学は子どもの数も教員の数も小学校よりずっと多い。すべての教員にこの申し送りが伝わるかどうかは、私たちにも確信はありませんでした。

ところが、新学期が始まると、学校帰りに大空に戻ってきたレイからうれしい報告がありました。担任の先生がレイのことを「僕に任せてください」と母親に力強く言ってくれたとのこと。彼が勉強についていけなかったり、友だちに悪い言葉を使っても、ほかの生徒との仲を取りもってくれたこと。大好きな部活に入れたことなどを聞き、私たちはひとまず安心していたのです。


新年度を迎える春は、いつものことですが、新しい子どもたちの学びの場をつくるのに追われています。そんな1学期の中ごろだったでしょうか。

レイが朝、ひょっこり職員室に現れました。

「あれれ、あんた、なんでおるん?」

「今日、休み?」

教職員にいじられながら、中学校の制服をまとった彼は、薄笑いを浮かべていました。

何を話すわけではなく、忙しく立ち回る彼らの間をふらふら漂っています。

彼の表情がひどく暗いわけではありません。というか、いつもひょうひょうとしているので、心のひだが見えにくい子です。重々わかっていたそのことを、忙しさにかまけて私は心のなかから追い出していました。

（ここで丸ごとどっぷり話を聞いてあげたら、せっかく新しいところでスタートしているのに、大空から離れられなくなるのでは？　里心がついたらあかんかも）

自分自身に、そんなしょうもない言い訳をした私は、彼の前から去りました。

「先生、授業に行くわな」

少しだけ残念そうな表情になったレイは、その後すぐに大空からいなくなりました。

「どうしたん？　ちょっと座り」

どうして、このひと言が言えなかったのか――何日も経たない間に、私たちは心の底から後悔することになります。

私は子ども相談センター（児童相談所）からの報告を受け、がく然としました。

体育の時間のことでした。その中学校は、「靴下は白」と校則で決まっていました。加えて、体育館での活動は、体育館シューズを履かなくてはなりません。

ところが、レイは、そのどちらも持ち合わせていませんでした。白い靴下も、体育館シューズも用意していなかった。体育館シューズを履いていないレイは、体育の教師から「シューズがないなら、靴下を脱げ」と命じられました。ほかにも、体育館シューズを持ってこなかった生徒は数人いたので、「なんでおれだけ脱がなあかんの?」とレイは抵抗しました。

ただし、抵抗した理由は「なんでおれだけ?」ではなかったと私は思います。きっと洗濯をされてなかったであろう黒い靴下を脱げば、そこからすごい臭いが出る。大空なら「おまえ、洗うてこいや〜」ですむだろうけれど、中学では全員がレイを知らない生徒ばかり。自我が芽生え、思春期を迎えた中学1年生には、黒い靴下を脱げない理由があったのだと思います。

レイは、体育の教師に体操服の首根っこをつかまれました。そして、体育館の床の上をズルズルと引きずられたのです。

引きずられる途中で、彼は意識を失ってしまいました。つまり、いやがる彼が足を踏ん張ったため、首が絞まってしまったのです。そして、体育館の床の上に倒れたまま気がついたとき、そばにいたのは女性の教師ひとりだけだったそうです。

その事件後、レイは中学を休みがちになりました。休むと、友だちはますますつくりづらくなります。さらに、からかいも受けるようになりました。そこでトラブルがあり、レイは完全に学校へは行けなくなったのでした。その間、学校側はレイの母親に謝罪をしたようですが、彼の信頼を回復するまでには至りませんでした。

相談所の職員の報告を受けながら、私は自分を責めました。レイは大空に、私たちのところに助けを求めにやってきたに違いありません。それなのに、私はレイの心を受け止めませんでした。とにかく、ここからでも動かなくては――。

結果的に、彼が安全に守られるよう、親身になって世話をしてもらえる環境として、児童自立支援施設で暮らすことになりました。

こうしてレイは、生活する施設に近い中学校に無事転校できました。

大人に失望した子どもは

6月。私は大空の同僚と3人で、子ども相談センターのコーディネーターとともに、施設を訪ねました。寮母さんから「レイが校長先生にどうしても会いたいと言ってます」と連絡をもらったからです。

彼は、大空で話を聞きもしなかった私を、照れくさそうな笑顔で迎えてくれました。

「レイ、かんにんな」

開口一番、私はそう言って彼の肩をゆさゆさと両手でさすりました。

「あんときな、大空に来たとき、中学であったことを言いに来たんやろ?」

レイは「それと関係はあるけど、ほかにも聞いてほしいこと、あってん」と言って、両足のかかとを私たちに見せました。

「えっ」

12歳ならきれいな肌色であるはずのかかとは、ひどいやけどを負ったようなケロイド状になっていました。引きずられたとき、体育館の床で摩擦を起こしていたのです。あまりの痛々しさに、すぐに言葉が出ませんでした。

「これをやられたから、学校に行けなくなったん?」

レイは、澄んだ目で私を見つめたまま、何も言いません。

私は言葉を変えました。

「あのとき、私に言いたかったことは何やったん?」

すると、とつとつと彼はしゃべり始めました。

「引きずった先生とか、それを笑って見とったクラスメイトとかじゃ、ないねん。もう、おれ、学校には行かれへん、と思った理由な……」

一生懸命、話してくれました。レイの話だけしか聞いていないので真偽はわかりません。でも、子どもの気持ちには嘘はありません。

そこには、私たちが気づけなかった彼の心の叫びがありました。実は、中学の体育教師が彼を引きずったとき、その場に担任がいたと言うのです。「僕に任せてください」と言ってくれたあの先生が。

「けどな、担任な、なんも言わんかった。ひと言も言わんと、止めてくれへんかった。おれのこと、守ってくれへんかった」

そして、私たち3人は、レイの次の言葉に胸を突かれました。

「おれな、担任の先生、信用しててん」

レイが学校に行けなくなったのは、担任教師のことが大きな理由でした。自分のことをわかってくれて、しんどさを理解してくれて、それをいっしょに背負ってくれようとしている。そう信じた大人が、自分を助けてくれなかったのです。そこには大人の事情があり、担任も精いっぱいだったのかもしれません。

岩手県矢巾町《やはばちょう》のいじめ事件のあらましを知ったとき、私のなかでレイのことと亡くなった子が1本の線でつながりました。

この事件を経て、私自身、どう変われるだろうか？　と考えたとき、真っ先に頭に浮かんだのがレイだったのです。

2015年7月5日。岩手県矢巾町で、中学2年生の男子生徒が電車にはねられ亡くなりました。自分から線路に飛び込んだという事実を聞き、とてもやるせない気持ちになりました。彼のおうちの隣のおばちゃんでもない、ましてや岩手の人間でもない私ですが、大きな無力感を覚えました。

ひとりの子どもが自ら命を絶つ。私たち大人にとって、これほど悔しいことはありません。

担任の先生のかかわりが悪いのではないか？　そもそも死ぬほどのことじゃなかったのではないか？——大人たちは、特に評論家のような方々は、いろいろなことをおっしゃっていました。

でも、私は断言できます。自分から命を絶った、愛くるしい笑顔を浮かべていたあの子は、0・01ミリも悪くありません。なくなるはずのない命だったんです。

２０１１年に滋賀県大津市の市立中学校の男子生徒（当時2年生）が、自殺の練習をさせられるという壮絶ないじめを苦に自宅で自死した事件。そして岩手。このような大きな事件は報道されますが、氷山の一角にすぎません。

あの子はみなさんにとって、よその子かもしれません。でも、社会や学校が今のままでは、自分の学校の子どもが、我が子が、孫が、大事な未来をなくしてしまうようなことが、いつ起きてもおかしくない。そんな世の中だと感じています。この事実を目の当たりにして、私たち大人は今まで通りの生き方をしていてよいのでしょうか。

岩手の子が亡くなったあと、担任の先生と交わした「生活記録ノート」が見つかりました。公開された詳細なやりとりから、担任に落ち度があったのではないか。学校の管理体制に問題があった、などとさまざまに報じられました。

ですが、本当の理由は本人でないとわかりません。保護者や、教員、スクールカウンセラー、ドクターに校長や教育委員会がどんな理由を挙げようとも。

線路に立ったときの、彼の気持ちは、彼にしかわからないのです。

ただ、彼はあのとき、誰かに「死んじゃダメ！」と言ってほしかったのではないでしょうか。

レイが中学の担任に最初信頼を寄せたように、岩手の子どもも担任の女性教師だけは

「自分をわかってくれる」と思っていたのではないでしょうか。「木村さん、それは違うよ」とあの子に言われるかもしれない。でも、大人に失望した子どもは、私たちの想像を超えた衝撃を味わう。そのことだけは否定できません。

「校長先生、おれの一番の願いはな、住吉に帰ることやねん。大空小学校のある、あの地域に帰りたい」

私たちは、鼻をすすりながら、ずっとレイの話を聞いていました。

本当に幸いなことに、寮長さんも寮母さんもとっても良い方で、一生懸命彼を育ててくださっています。

その後、寮母さんが長い手紙をくださいました。そこには、こんなことが書かれていました。

周りの子どもたちに内緒で、『みんなの学校』をレイだけ連れて観に行ってくれたそうです。映画を観終わった後、彼は寮母さんにこう言ったそうです。

「おれって、こんなに大事にされてたんやな」と。

――レイは、あの映画で、一生、生きていけます。

寮母さんの、この一文を、何度も、何度も、読み直しました。

　また、映画が終わって明るくなったら、周りのお客さんたちが、レイに気づきました。

「あ！　映画に出てた子や！」

　パンフレットを持っている人に「なあなあ、サインして！」とせがまれたレイは、まんざらでもなさそうな表情で寮母さんに「おれって有名なんやなあ。悪いことしたら、バレるねんな〜」と言ったそうです。

　そして、彼は今、自分が暮らしている児童自立支援施設のような機関で働きたいという夢をもち始めました。

不登校の子を救った「たった一つの約束」

　ある年の4月1日。校長室前にある多目的スペース「ふれあいルーム」で、私は6年生のヒロと出会いました。聞けば、大空の噂を聞きつけて、学区内の町にお母さんと引っ越してきたといいます。きょうだいやお父さんとは離れ離れで暮らすことになります。

　ヒロは、テーブルの上に自分のノートパソコンを広げていました。私はそれまでたくさんの子に出会いましたが、自分のパソコンを学校に持ってきた子を初めて見ました。

「何見てるのん？」

のぞきこんだら、画面は大空小学校のホームページでした。私は、そこからヒロ自身のさまざまな話を聞くことになるのです。

彼は大空への転校を決める前に、大阪市内にある小学校全300校のホームページを見た、ということに、まず驚かされました。

「あらまあ、300校、全部見たん？　すごいな。なんでそんなことしたん？」

いつものようにポロシャツにジャージを着ていた私を、ヒロは校長先生とは思っていなかったようでした。そのへんを歩いているお姉さん、と言ったら言いすぎですが、恐らく教師とも認識していなかったはずです。

「転校したかったから」

え？　でも、なんで大空小学校に転校してきたん？

「あんな、僕な、大空小学校やったら、学校に来れるかもしれへんと思って転校してきた。大空小学校には、ほかの学校と違うとこが1個だけあった」

彼が見た300校のホームページのなかで、大空小学校にしかないものがあった。だから、入ることに決めたと言うのです。

ほかの小学校にはなくて、大空小学校にしかないもの。

それは「たった一つの約束」でした。

大空は、校則はつくっていません。一例を挙げると、学校によくある決まりごとに「学習に必要な物以外の物は持ってきてはいけません」というものがあります。でも、そのことは、子どもたちは言われなくてもわかっています。

それなのに、この決まりごとがあると、例えばカードゲームを学校に持ってきた子に対して、なんでこんなもの持ってきたの？　授業が面白くないの？　学校楽しくないの？　友だちと何かあったの？　といったその子の心を探る問いかけは出てきません。

決まりがあるがゆえに「学校で決まってるやろ。持ってきたらあかんやろ！」と、その「決まりを破ったという現象」のみを教師は言及しがちです。そうなると、見なくてはいけないものが、見えなくなる。大空が大切にしている「四つの力」を高めることを止めてしまうことにもなりかねません。

四つの力とは、

「人を大切にする力」
「自分の考えをもつ力」
「自分を表現する力」
「チャレンジする力」

開校時に「10年後の国際社会で子どもたちが自分らしく生きられるには、どんな力が必要か」と考えた末に、生まれたものです。私が提示し「より良いものがあれば、みんなでその都度変えていこう」と考えましたが、この9年間揺るがず保っています。

ですから、大空では決まりをつくらなかったのです。

その代わりとして「たった一つの約束」をつくりました。それは「自分がされていやなことは、人にしない、言わない」です。大空では、子どもも大人も、この約束を徹底して守ります。どんな大事な授業をしていても、この約束が守れなかったときは、やり直しの部屋（校長室）に「やり直し」に来ます。

「この約束があるのなら、自分もこの学校なら行けるかもしれない」

ヒロはそう思ったと言うのです。

前の学校で、ヒロは1年生のときはずっと学校に行っていました。ところが、2年生になって彼が学校に行ったのは3日。3年生も、4年生も、5年生も、それぞれ3日しか学校に行けませんでした。

この3日間が、それぞれなんの日だったかわかりますか？　すべて学期はじめの始業式でした。つまり、1、2、3学期の始業式の日だけ、彼は自分で学校に行く。けれど、その翌日からは行けない。決して学校が嫌いだったわけではありません。行きたくても、行けなかったのです。

「何があったん？」

「あんな、おれな……」

とても、とても、つらい話を打ち明けてくれました。

「そんなつらい、しんどい思いして、そのこと、お母さんとか、学校の先生には言うたん？」

ヒロは答えました。

「お母さんには、大空小学校に転校させてってお願いしたときに、初めて言うた」

私は、怒りで破裂しそうな気持ちを静めながら、勢いよく言いました。

「ぜーったい、誰にも言わんからな！　安心せい！」


このことは、ヒロと「誰にも言わない」と約束したので、ここでは明かせません。しかし、教職員には伝え、「みんなでヒロを見失うことのないよう、見ていこう」と、このことを共有しました。

しかしながら、学校は生き物です。毎日、本当にいろいろなことが起きます。最初の1週間こそ私たちは全力でヒロに目を配っていましたが、そのうちにほかの子どもたちに気を取られてしまい、彼の話題はミーティングにさえ出てこなくなりました。

そして、私を含めた全教職員が「前の学校でつらい目に遭ったヒロ」の存在を忘れ去っていました。それくらい、ヒロは、なんの問題もなく大空小学校に溶け込んでいたのです。

「自分がされていやなことは、人にしない、言わない」の約束を守れなかった友だちが、校長室にやり直しに行く。ほんの少し前を向いた仲間が教室に戻ってくる。それが繰り返される大空の空気は、彼に大きな安心感を与えたのでしょう。

子どもの心のなかを見るには

1学期も2学期も終わり、3学期になり、卒業式の数日前のことでした。ヒロがふらりと校長室に入ってきました。

私は彼を見るなり、正直に言いました。

「ごめんな。先生、ヒロのこと心配せなあかんと思うてたけど、実はあんたのこと忘れてたわ」

すると、ヒロはいたずらっぽく笑いながら言いました。

「せやろ。そう思うてたわ～」

私は多少どぎまぎしながら続けました。

「そういえば、あんた、学校休んでへんなぁ。休んだの、インフルエンザのときだけちゃう?」

その年の冬はインフルエンザが大流行。ほとんどの子どもが休みました。ところが、ヒロは勝ち誇ったように答えたのです。

「ほらな、知らんかったやろ。おれ、インフルエンザにかかってないし。そやから、おれな、欠席ゼロ」

私は笑いながら「すんません。修行し直します」と彼に言いました。

「そうしいや!」

彼はほくそ笑んで、校長室を出ていきました。

前の学校で始業式しか出席できなかった子が、1日も休まず大空小学校に通ったのです。ですが、逆に考えれば、彼はその学校を休むことによって、自分の命をつないできたのかもしれません。ただ、つらいことがあれば、学校に行かずに過ごしたほうがいいのかといえば、それは違うと思います。

ヒロの母親によると、学校に行かなかったころの彼は「しんどいねん。学校に行くの、しんどいねん」としか言わなかったそうです。

ヒロの体験は、もしかしたら氷山の一角かもしれません。学校に来られない子に、どうしてなのかを尋ねてもわからない。「しんどい」の言葉を聞いて、病院に連れていく。いろんな病名と薬をもらって治療する。学校も家もなんとかしなければと焦る。そのうちに「登校刺激を与えないほうがいい」という専門家の声に従っていきます。

昨今は、学校に行けない子はフリースクールへという動きもあります。このことを否定しているのではありません。何が大事なのか、優先順位の「一番」が抜けている気がします。

一番大切なこと。それは、子どもの声を聴く、ということです。ただ、漠然と聞くのではなく、子どもの声に耳を傾けようとする姿勢が、目の前の大人にあってほしい。

私はたまたま、ヒロが私を校長と認識する前に出会えた。その偶然のおかげで、秘密を打ち明けてもらえたのだろうと思います。もし大空に来なければ、ヒロがつらい思いをしていたことを、大人は一生気づかなかったかもしれません。もし、そのまま必要のない薬を飲まされ続けていたら、彼の人生はどうなっていたでしょうか。

子どもは、ほとんどの場合、大人の言うことを聞こうとします。大人にお説教されて、「わかった？」「わかった？」と念を押されたら、子どもはみんな「はいっ！」とうなずきます。

すぐに「はい」と言えば、説教が早く終わることを、子どもたちはみんな知っているからです。

「どう思うの？　言ってみて」と尋ねた大人に、心にある本当の言葉を子どもがすぐに口にできるでしょうか。


もうこれ以上、子どもの命を失くしたらあかん。

私がとても尊敬している、長年部落問題に取り組んでこられたリーダーが、こう言われました。

「木村さん、暗いところにおると、明るいところはよう見えるやろ。でもな。明るいところにおったら、暗いところは全然見えへん。明るいところにおって、暗いところを見ようと思うたら『見よう』と思わな、見えへんのや」

この言葉が、私の心のなかに常にあります。

「見よう」と思わなくては「暗いところ」にいる子どもの心は見えません。そして、そうやって見ようとしてくれる大人のそばで、子どもは初めて安心して笑顔を浮かべます。

ヒロ、そして、レイだけではありません。子どもはどの子も、ときどき「暗いところ」にひとりでいることがあります。すべての子どもが安心して、丸ごと体と心を預けられる大人が増えてほしい。

「この大人は自分を裏切らない」と思える大人にしか、子どもは本当のことを言わないのですから。

さらに言えば、「見よう」とする大人になるとともに、子どもが安心できる居場所をつくらなくてはなりません。寄り添う大人が、教育や心理の専門家、そういった専門の大学院で学んだ高度な知識がなかったとしても、まったく問題ありません。地域のおばさん、おじさん。誰でもよいのです。

私も含めて、子どもの周りの大人がそんな意識をもつこと。

そのことが、子どもをこれ以上死なせないことにつながる。私はそう信じています。

子どもは子どもから大事なことを学ぶ

ケイと同じ学年だったノリは、気の強さが裏目に出て、よく仲間と衝突していました。しっかりと自分をもっているがゆえに、思うようにいかないとイライラして、つい暴力をふるってしまいます。4年生のころ、校長室でやり直しをしたあとに書いた「自分の考え」にこうありました。

「ぼくはこれから、ぜったい人にぼう力をふるったり、ぼう言をはいたりしません」

私は「グッド！　えらい！」と彼をほめました。恐らく、また仲間に手を上げたりするだろう。けれど、この日「もう、暴力をしません」と誓ったその瞬間の気持ちは真実です。だから「どうせまた乱暴するやろ」ではなく、その一瞬一瞬は、本物なのです。

その3日後、ちょっとした言い争いから、ノリは同じクラスの子を殴りました。校長室にやり直しに来た彼は、けんかのきっかけは相手の子だと説明しましたが、私に言われます。

「どんな理由があっても暴力はいけない。殴ったことは謝る」

じっと聞いていたノリは、そのあと教室に戻ります。殴った友だちに自分から近づいていって「ごめんな」と声をかけました。まだ怒り冷めやらぬ友だちからたたかれても、やり返さずに耐え続けました。

クラスの仲間といっしょに止めに入った職員から「自分がされた暴力を、暴力でわからすことは間違ってる」と言われている相手の前で、ノリは涙を流しながらじっと我慢していました。

そのあとの授業は「二分の一成人式」でした。10歳になる4年生は、成人になる20歳の半分だからです。集まったサポーター（保護者）たちの前で、子どもたちは将来なりたい職業や自分の夢を語り始めました。

ノリの番になりました。

「僕は今の自分の目標を言います。人に暴力をふるわないこと、他人に暴言を吐かないことです。それと、他人にいやなことを言われても我慢します。理由は、僕は最近、暴力をふるうことばっかしているから、そこを直したいからです」

しゃくりあげそうになるのを懸命にこらえながら最後まで言い切ると、周りの子どもと大人たちから温かい拍手が贈られました。

６年生の後半です。

「校長先生！　ノリに殴られたーっ！」と、ケイが校長室に飛び込んできたことがありました。その前に担任がいち早く飛んで来て「大きな誤解があるのでよろしく」と言い残して出ていきました。

そこで、あとからやってきたノリを含めたふたりの話を聞いた私は、ノリに説明しました。詳しく覚えていませんが、ノリがケイの腕を引っ張ったのは、危険を察知したがゆえのことでした。

「やめとき！　言うて、ノリが止めてくれたんやろ？　ケイがそのままやったら危なかったからや。逆に、ありがとうを言わな」

ケイは、「なんだ！　じゃあ、ぼくは許します！」とすんなり理解を示しました。「ノリにありがとうって、言わないと」と言いながら、ケイはビューッと職員室を出ていきました。

一方のノリは、私の顔をまじまじと見てつぶやきました。

「すごいなぁ。校長先生、洗脳者みたいや」

洗脳者と言われた私はショックを受けました。すると、そばにいた同僚たちは「それはほめ言葉や。校長先生がケイを説得したことに、ノリはびっくりしたんやろ」と言うのです。ノリは、ケイが他人の話を理解したりできないと、思い込んでいたのかもしれません。

子どもとともに育つ親たち

大空小学校の取り組みは、映画になる前に二度ドキュメンタリー番組としてテレビで放送されています。そのうちの二度目に75分番組で放送されたあと、ノリは視聴者からネットの世界でいわれなき中傷を受けました。

「あんなに暴力ふるう子は発達障がいや」といった書き込みが複数あったのです。それを読まずに無視していれば、何も起きないのですが、一度見たら気になるのは仕方ありません。

ノリのお母さんは映画が封切られたあとになって、またネットの中傷が気になり始めたようでした。

「やっぱり映画に出なければよかった。監督さんから（承諾の）確認があったときに断ればよかった」

私は「ノリを信じようよ」と話しましたが、結論が出ないまま卒業式を迎えました。私とお母さんは、互いに時間の流れに押し流されるようにして、そのまま別れてしまったのです。

新年度。私は退職し、ノリは中学校に通い始めました。退職以来、大空小学校には一度も足を運んでいない私ですが、彼が中学で部活を頑張っている、元気でいるとの話は同僚から聞いていました。

6月に大空のコンサートがあったあと、私のところに小包が一つ送られてきました。小包のなかにはかわいいデザインの封筒の手紙が1通だけ。ノリのお母さんからでした。お母さんが私に伝えてくれた言葉なので、主旨だけお伝えします。

子どもと自分を育ててくれてありがとう。当たり前にいた校長だったが、ノリはそれが当たり前ではなかったことを知るでしょう、と書かれていました。

また、言葉では表現できない幸せをもらいました。

ノリが「おれ、先生になろうかな」と言ったのだそうです。お母さんは「やんちゃばっかりするし、すぐ怒るあんたには無理」と返しました。すると、ノリは言ったそうです。

「おれが、そんなやつの気持ち、わかるやんか」

キレやすく、やんちゃだった自分なら、そうしてしまう子どもの気持ちがわかる。だから、自分のような子をひとりでも守りたい。そのために先生になる。

そう思っているような気がします。

「あんなに問題ばかり起こす子を『本当にいいやつや』と言ってくれる校長がいるから、周りの人たちも許してくれた。子どもといっしょに自分も育ててもらった」

そのようなことを伝えてくれました。

お母さんは、自分の母親、つまりノリのおばあちゃんから「あんたも卒業生やな」と言われたそうです。

最後に「先生と会えてよかった」。

私は、お母さんからもらった手紙を、いつもお守りのようにして、肌身離さず持ち歩いています。

第2章

学び合い、育ち合う

「この子さえいなければ」

大空小学校のある地域には、南住吉小学校という小学校があり、そこは以前、1000人以上の子どもが通う大規模校でした。

とにかく新しい学校をつくろうと大阪市は考えましたが、地域住民の思いや、区割りの関係でなかなか実現しませんでした。なんとか新設校の校舎は建ったけれど、今度は校区割りがなかなか決まらず、5、6年生だけが新しい分校、1年生から4年生が本校という形でスタート。その3年目、私は南住吉小学校の校長として赴任しました。

そこで、学校としてあまりにいびつな部分を、たくさん見ることになります。

きょうだい別々の学校に行く。

本校と分校の先生は1か月に一度の職員会議だけ集まる。

5、6年は1年生の困っている姿などまったく見ずに、手を差し伸べる機会も与えられないまま学校生活を送る。

本校と分校が分けられている状況では、どれも仕方のないことかもしれません。でも、そこで過ごす子どもにとって、このままでよいわけがありません。

「どんなことをしても、みんなで新しい学校をつくらなくては」

私は教育委員会や区役所に可能な限り働きかけました。そのような紆余曲折を経て、大空小学校が開校したのです。

公立の小学校ですから、大阪市内のあちらこちらから教職員が集まります。

「言いだしっぺやから、新しい学校に行きたい」

私は大空への赴任を希望しました。教育委員会からは、一校長が人事に口出すとはと、大変お叱りを受けたものの、新設校の校長に就任することができました。

「絶対、良い学校にしよう」

始業式の朝。私はもちろん、教職員の誰もが意欲をかき立てられました。引き継ぐ伝統も何もないゼロからのスタートです。赤ん坊が周囲になんらかのエネルギーを与えるように、生まれたての学校のなかで、私たちは希望に満ちあふれた、まさに、そのときです。

「わーっ、ぎゃーっ」

ひとりの男の子が講堂に入ってくるなり、大声を出しながら走り始めました。転校してきたばかりの6年生、レイジでした。始業式に転校を知らされたばかりで、私たちも会ったのはこの日が初めてでした。

レイジは、講堂で始業式を始めているなか、舞台に駆け上がり2階のギャラリーを走り抜けます。先生がそのあとを追いかけていくので、まるで喜んで鬼ごっこをしているかのように見えます。しんと静まり返った講堂に彼の声が響き渡るなか、私の頭に浮かんだのはこの言葉でした。

「良い学校をつくろうと思っているのに、なんでこんなすさまじい子が入ってくるんや」

「この子さえいなければ、良い学校をつくれるのに」

そう思ったのです。開校当初は、とてもいやな校長として、私は子どもたちの前に立っていました。校長という立場以前に、大人として失格です。

新学期が始まっても、私たちはレイジに振り回されました。毎日脱走する彼を追いかけました。4月、5月と、めまぐるしく時間だけが過ぎていきます。私たちのなかから「良い学校をつくろう」という初心など、はるか彼方に消え失せていました。毎日毎日、その子をいかにして「学校にとどめるか」ばかりを考えていました。

彼の担当は大学を卒業したての新任の女性教師です。私は、その彼女に「レイジの手を離さない」ことだけが役割のような伝え方をしていたと思います。自分より背も高く力も強い教え子についていくのは、体力的にもきつかったはずです。それでも彼女は、愚痴一つこぼさず、懸命に寄り添っていました。

梅雨に入った6月。雨で廊下が濡れて滑りやすくなっていたある日、レイジは担当教師と教室で椅子に座っていました。私はどこかうれしくなって、教室に入って担当の彼女に話しかけたのです。こんなチャンスを見逃すレイジではありません。彼は一瞬にして、教室から飛び出しました。

私よりも先に、女性教師があとを追いかけました。

そのときの彼女と、レイジの姿を、まるで今でもスローモーションのようにはっきりと思い出します。

廊下を全速力で走り去るレイジ。すぐに廊下の端の階段までたどり着き、そこを下りれば脱走は成功です。そのまま外へまっしぐら、かと思われた瞬間、あとを追いかけた彼女が、雨で濡れていた廊下に足を滑らせます。「ドスーン」としりもちをついた音が、4階の静かな廊下に響き渡りました。

すると、脱走しかかったレイジはくるりと踵《きびす》を返し、こちらに戻ってくるではありませんか。

そして、倒れた女性教師に寄り添うようにしゃがみ込むと、彼女のおしりをさすりながら声をかけました。

「痛かったね、痛かったね、痛かったね」

転んだ教師になどかまわずそのまま階段を走り抜ければ、レイジは学校から逃げられたはずでした。でも、戻ってきた。しかも、担当教師の体をいたわっているのです。

ふたりの姿が、涙でかすみました。教室の前で、しとしとと降る雨の音を聞きながら、私はレイジのクラスの子どもたちとずっとその光景を、ただただ黙って見守っていました。


月曜日の全校朝会で、私はこの話をしました。それは私自身の、レイジへの懺悔《ざんげ》の意味もありました。また、この学校の校長としてすべての子どもと大人たちへ向けた私自身の「やり直し」です。

実は、レイジが教室から逃げると、低学年の子たちが「お兄ちゃん、逃げたで!」と逃げた方向を教えてくれることがありました。みんなは「先生を困らせる悪いお兄ちゃん」と思っていたでしょう。校長がそう思っていたのですから。

「レイジな、逃げられたのに、戻ってきて、痛いね、痛いねって先生をさすってあげたんやで。私はそんなレイジのことをちっともわかってへんかってん」

本音で話す私の姿を、子どもたちがどんなふうに見ていたのかはわかりません。

でも、そのときから、彼は、一度も学校を出ようとするしぐさを見せることがなくなったのでした。

本音でぶつからないと本質は見えない

そのあと、学校に何が起きたか。

何かうまい支援の方法を考えついたわけでもなく、補助する教員が増えたわけでもないのに、レイジは毎日学校にいます。

「誰かに、魔法かけられたんちゃう⁉」

同僚からそんな言葉が出るくらい、彼は落ち着いて学校で過ごすようになりました。

それは、その子が変わったのではなく、その子を見る周りの子の目が変わったからだと思います。痛いね、痛いねと先生のおしりをさすったレイジの姿が、周りの子どもや大人の心に変化をもたらしたのでしょう。学校中の誰もが、レイジを見る目が変わりました。

対する彼は、まず1階の職員室に自分の居場所を見つけました。彼はゲームの達人です。行方がわからなくなり、夜中まで警察からの連絡を待ち、大型電器店で保護されるようなことがよくありました。

職員室には彼の大好きなパソコンがあります。彼は職員室へやってきて、パソコンに向かうようになりました。パソコンに入っているゲームはほんの少しで、すぐに飽きてしまいました。ほうっておくと、低学年用の算数などのソフトを見つけ出し、取り組むようになりました。

学校に変化をもたらしたレイジは「子どもが学ぶ　子ども同士が学び合う大空」の原点になりました。「この子さえいなければ」と思った子から、私はかけがえのない多くのことを学んだのです。

9年目のある日。ひとりの同僚がこんなことをつぶやきました。

「あのときは、毎日毎日、ほんま大変やった。でも、私ら教職員に不思議と〝困った感〟はなかった。困った感よりも〝まとまった感〟のほうが強かったなァ」

大空は最初から「みんなの学校」だったわけではありません。

校長が「自分の学校だから良い学校にしよう」などと思っていると、どれだけの子どもが不幸になるか。「良い学校に」という私自身の思いは、創立2か月目で子どもたちに「木村先生、それは違うやろ」とバッサリ否定されたのです。

「良い学校」というのは、誰が評価するのか。世間なのか、行政なのか、地域なのか。そのどれでもありません。

「自分の学校は、良い学校」

そこで学ぶ子どもが、心からそう言える。それが本当に良い学校なのだ——私は、子どもたちにそのことを教えられました。

レイジのようなわかりにくい子や、ちょっと気になる子。その子を変えることに全精力を使い果たすのではなく、その子の周りの子どもたちを変える努力をするほうが、その子は変われる——そう考えるようになりました。

これを大人と子どもの関係に置き換えるなら、大人がほんの少し変わろうとすれば、子どもは変わる。このことも、教えてもらったことの一つです。

集会のあとで「校長先生、よう言いはったね」と同僚たちに言われたことを思い出します。レイジがいなければと思ったことを、よく正直に、本心を子どもたちにぶつけましたね、という意味でしょう。

でも、何事も本音で臨まなくては、本質には絶対にたどり着けません。

教育とは何か。子どもの成長とは何か。そういった物事の本質を、私は見つけたい。

「本音でぶつからなければ、本質は見つけられない」

今は大きな確信をもって、そう言える自分がいます。

学校の根幹を築いた「全校道徳」

映画『みんなの学校』の最初のほうに、私が子どもたちに問いかけるシーンがあります。

「みんなの学校は、誰がつくるんですか?」

「自分です」

「自分とは誰のことですか?」

「ここにいる、みんなです」

月曜日の1時間目「全校道徳」の時間です。創立当初は、毎週月曜日に全校朝会をし、校長講話の時間を設けていました。恐らく多くの学校が行っていることでしょう。でも、一方的な校長の話をするだけでなく、子どもと大人がともに学ぶ授業ができないだろうか。そんなことを教職員らと話していて、出てきたのが「全校道徳」でした。毎週テーマを決めて、みんなで話し合う。サポーター(保護者)も、地域の人も、教職員も、子どものなかに入って意見を出し合い、聞き合う。そんな学びの場をつくってみようと始めました。

「今日のテーマを書きます」

まずはホワイトボードに、その日に話し合う議題を書きます。それは全校道徳プロジェクトのメンバーしか知らないので、大人も子どももドキドキしながら注目しています。特に胸が高鳴るのは教職員たちです。普段の授業はたいがい、教職員が答えを隠し持ち、でもまるで正解など知らないような顔をしながら、子どもたちを導きます。しかし、月曜日の1時間目だけは違う。

「どんなお題が出るかわからへんもん。私らも必死なんやで」

自分たちも同等であることを、保護者や子どもたちにアピールします。

その都度異なりますが、そのときどきで子どもたちに必要なことなどをテーマにします。例えば「自分がされていやなことを人にしてしまう人がいました」と、赤マーカーでホワイトボードに書くこともあります。

漢字も書くので「1年生のためにみんなでどうぞ」と、声に出して読んでもらいます。

「はい、考える時間、10秒！」

なぜか、ほぼ全員の子が下を向きます。上を向いて考えてもよいのに、どうしてかはわかりませんが、「うーん」と下を向いて考え始めます。ここから、それぞれグループになって自分の考えを伝え合う時間になります。

「はい、いってらっしゃい」

自分の考えをもった子どもたちは、1～6年生の子どもたちがひとりは入っている小グループをつくります。6年生がリーダーです。講堂に40個以上の人の輪ができます。教職員、サポーター、地域の人は大人のグループをつくります。

ある日のテーマは「いじめって何」でした。順番に自分の考えを発表するのですが、ひとりの1年生は「わからへん」と言ったきり、口をへの字に曲げたまま黙っています。6年生がたまりかねて「何かゆい」と言ったら、1年生は泣き出してしまいました。

すると、6年生が優しく言いました。

「正解はないから、なんでも思ったこと言うたらええねんで。みんなの言うこと、聞いときき」

そして、2年生の子から考えを出していきました。6年生まで全員が発表すると、最後にその1年生は固く結んでいた口をすんなり開きました。

「自分がされていやなことは、したら、あかん」

全校道徳のあと、「ふりかえり」のシートに、全員が授業の振り返りを書くのですが、その6年生は「最初は1年生の子にどうしゃべっていいのかわからなかった。自分は意見を言えるけど、1年生ってこんなんか、と思いました」と書いていました。

子どもが違う子とつながれるのも、全校道徳の良いところ。多くの6年生が「全校道徳で自分は力がついた」と言います。

別の日のテーマは「小さな勇気について」でした。滋賀県の大津でいじめを苦に自殺し

た中学生の事件もありましたが、校内でいじめられたのを見て見ぬふりをした、そんな出来事があったのだと思います。

突然、むちゃぶりされた大空教職員でつくる「大空劇団」が、関連する話を寸劇にして見せてから話し合いました。その日は外部から教育関係者の見学があり、その男性もゲストとして一つのグループに入りました。円になって座った状態で、順番にそれぞれ意見を言い始めました。

1年生の男の子の番になりました。が、なかなか言葉が出ずに黙っています。隣の2年生が「何か言いや」と言ったら、その1年生はひと言「アリさん」とつぶやきました。すると、その日来校したゲストのひとりが目を輝かせて言いました。

「僕もアリやと思う。アリって小さいけど、戦っていくよな。あれ、小さな勇気やねんな」

同じグループの6年生に「おっちゃん、それでええか?」と念を押された男性は、あとでこう話してくれました。

「発想がすごく柔軟で感動しました。小さい子も、まだ1年生なのに、学校は自分らでつくれって言われてる、自分で考えなさいって言われてる。あるいは先輩の姿を見てる。だからなんとか意見を言わなあかん、みんなで考えなあかんのやっていう空気を感じました」

その感想を受けて、大空に赴任する前から長いつき合いのあった同僚がこんな話をしました。

「障がい児といわれる子が何か突飛なこと言うても、うちの子ら、なんも否定せえへん。そういう考え方もありやな、みたいな。これって社会のなかで生きていくとき、すごい大事や。しゃべらん子でも、みんなの話聞いてて、しっかり頭に入れてる。それを、この子らややこしいからなって、抜き出して教室をつくったりしたら、それこそ同世代や異学年の子どもらの言葉が入ってこない。そっちのほうが恐ろしいな」

その通りだと思います。いろんな子が、いろんな発想をする。そして、みんながそれを認め合う。そんな空気のなかで育つことが、すべての子どもに必要です。一部の正解で物事が進んでいくのではないことをみんなが気づかなければいけません。正解を決めつけてしまう空気があると、「君は正解ではありません」と言われる子は居場所がなくなります。

全校道徳の話に戻りましょう。グループで10分か15分くらい話し合いをしたあと、「1分前」と声をかけると、議論する声がいつも大きくなります。そして、その1分後にはみんなぴゅっと集まってくる。前に立つのが私でなくても、誰が立っても、同じ状況になります。

「はい、どうぞ」

MC（司会）の私が促すと、大空のリーダー（6年生）が各グループで出し合った意見を発表します。この発表は、挙手や指名、決まった順番、とかではありません。「あうんの呼吸」で、自分から、自分らしく自分の言葉で伝える、という学び合いの空気がつくられています。

発表しようとした子が立ち上がる。もし、同時に3人立ったら、お互い「あうんの呼吸」でふたりが座ります。つまり、発言権を譲るのです。6年生とはいえ、よく意見を言う子もいれば、そうでない子もいます。めったに言わないけれど、その日は勇気を出して立ち上がった場合、いつも意見を言う子はその子にまずは権利を譲る。その行為自体が、自分の意見をもつことになる。1年生から5年生の子どもたちは、そんなリーダーたちの姿を見て学ぶのです。

考えを伝えるために立つ子どもの姿がなくなれば、次へいきます。教師が意見を集約して「一番多かった意見は」などとまとめたり、大人の目線で結論を出したりはしません。大勢が賛成する意見が正しいわけではないし、そもそも道徳は正解を求める授業ではないと考えるからです。

さまざまな子どもや大人の考えを知った子どもたちは「ふりかえりシート」に自分の考えを書きます。その間、私たちは講堂に残って毎朝のミーティングをします。だから、大人がいない教室で、子どもたちは自分の思いを綴《つづ》っています。教師がそばにいると、大人が満足するような文章を書かされてしまう子もいるかもしれません。

その日の放課後は、子どもの考えをみんなで読み合っています。道徳の時間が面白くなければ「おもろない」と書いてくる子どももいっぱいいます。もし、書いているときに教室に担任の先生がいて、それを見てしまったら「もう1回考えや」と、どうしても言いたくなります。そして、教えたくなる。もちろんそういったフォローが必要なときもあります。が、子どもからすれば、答えを書かなくてはいけないと思うと、全校道徳がしんどくなります。

私は、道徳の授業は、子どもにとって楽しいものでなければいけないと思っています。制約がないので、なかには文字ではないようなものを書きなぐってくる、つまりなんらかのストレスにさらされている子が出てきます。そうしてくれることで、私たち職員は「気をつけて見なあかん」と支援する体制がとれます。

全校道徳はある意味「みんなの学校」の根幹だと思っています。子どもと、教職員や保護者、地域の人というみんなの学校のメンバーが、「みんなの価値観」を共有する貴重な時間。週にたった45分の時間ですが、この時間の積み重ねは大空小学校という樹木の根と幹をつくるのに大きな役目を果たしてくれました。

全校道徳を始めて半年、1年と継続するにつれ、明らかに子どもが変わりました。

大人と子どもが一つのテーマをみんなで考える。これは日ごろの各教室での授業にはない、非日常です。教室では多くの時間は前を向き、先生と黒板を見がちになる子どもたちが、自分以外のさまざまな人物をじっくり見ることができる。「みんなの学校は、みんながつくる」ことを厳しく追求されているなかで、その「みんな」を意識できる良い機会になっています。

「その子らしさ」の質を上げる

校長の仕事として毎月「スクールレター（学校通信）」を発行していましたが、最後の1年になった2014年度4月号に入学式の様子を以下のように伝えました。

――子どもは一人ひとり、その子らしさをもって生きています。一人ひとり、すべて違った自分をもっています。すべての子どもがその子らしく、存分に自分の力を高める場所が「学校」です。人は、わかっているつもりでも、つい、自分と違っていたり、初めて見たり、自分が受け入れられないことに出合ったりすると、否定したくなります。

先日の入学式で1年生に話をしているときです。1年生のひとりが大きな声を出しました。サポート役で座っていた大空のリーダーたち（6年生）は表情を変えることもなく、当たり前の空気です。

ところが、1年生は不安いっぱいの表情で、一斉にその子を見ました。その子はますます不安になって大きな声は止まりません。

「みんな、大丈夫！　心配しないでお話を聞いていいよ」と言うと、1年生は、安心して話を聞く空気ができました。すると、（大声を出していた）その子も大空のリーダーの隣に座って、最後まで落ち着いて話を聞いていました――。

「この6年生の態度はどうやって培われたのですか」と聞かれたことがありますが、学校として当たり前の仕事をしていただけのことです。

私はよく「大空で静かな状態で授業ができるのは、盆と正月くらい」と冗談で言ってました。騒がしい子を押さえつけるのではなく、そのなかで集中できる力をつけるのが学校の仕事です。ですので、集中力を培うため、ときに厳しく指導しました。

例えば、全校道徳でテーマを言おうとしたとき、突然大声でしゃべり出す子がいます。すると、子どもたちは首を回してその子を見ます。そういうとき、私は日ごろ出さないような怖い声で叱ります。

「今、何のために見たん?」

叱る理由は二つあります。一つは、入学式の1年生同様、みんなに見られた子はいやな気持ちになる。どうして人がいやがることをするんだ。たった一つの約束を守れていないではないか、と責めるわけです。

二つ目が、集中力。

「周りにはこれだけ大人がいます。あの子が困っても、大人が守れる。あなたたちは自分の学習に集中しなさい」

だから、周囲に大人がいるときは、子どもたちはびくともしません。映画の撮影カメラが入ったときも、なんら緊張せず、普段と変わらず授業を受けていました。

その代わり、大人の目がないところで、気になる子に心配な行為があれば「どれだけ大事な勉強をしていても、教科書やノートをほうり出して、絶対その子を守りなさい。守るために大人を呼びに行きなさい」と伝えていました。

「全校道徳のグループ分けはどうしているのですか?」

これもよく受けた質問です。「学期ごとにグループ分けを変えています」と話すと「その割には仲が良いですね。1年生と6年生がすごく親しそうにしゃべってますよ」と言われます。

「でも、子ども同士の組み合わせは、配慮してますよね？」

いえ、それもしていません。気になる子にはしっかり者をお世話役につけて、といったことをみなさん想像されるようですが、あえてそういった配慮をせずランダムにつくりました。

最初は「この子がおるから、落ち着けるようにこの子もってこよう」などとさまざまな配慮をしました。しかし、その後、「その配慮は子どもにとって本当に良いことなのか？」と職員の間で議論になりました。

「それって、授業を成功させるための大人の配慮やねんな。でも、世の中失敗することかてあるで」

以来、配慮するのをやめました。

黙ったまま意見を言えない子がいたり、話し合いの輪からはみ出して天井を向いて寝てる子もいました。ほかの子が一生懸命引っ張ってこようとしても、来ない。「だって、みんな何言うてるか、わからへん」と言い、退屈で面白くないことを訴えます。

すると、教師に相談に来る子どもが必ず出てきます。

「呼んでも来ないけど、どうしたらいい？」

「あんたらが、その子のそばに場所を移したら？」とアドバイスすると、「あ、そっか」とみんなしてその子のところに行きます。すると、また輪を外れて移動される。そうしたら、またその子のそばに行く。そうこうするうちに、その子も逃げることに飽きてきます。そばで寝っ転がっているけれど、みんなが話していることは聞いています。このような焦らないかかわり、無理のないかかわりが重要なのです。

例えば、第1章に登場したケイは、面白くなくなると「ぼくは逃亡します！」と出ていってしまいます。すると、逃亡しますと言いながら、講堂の後ろに積み上げられたマットの上によじ登り、あぐらを組んで牢名主のように座っている。子どもたちは「いいのん？いいのん？」と心配しますが、「講堂の中におるからいいやん。みんなほっとき」と話し合いを進めます。

すると、マットの上からケイの声が聞こえてきます。

「ぼくがァ、思うのはァ」

確実に不規則発言なのですが、何事もなかったようにケイの意見がホワイトボードに書かれます。

みんなでゲームなどを楽しむ水曜日の児童集会は、3学期に入ると6年生のリーダーから1～5年生が卒業メッセージを聞く集会に変わります。そこでケイはこう言いました。
「ぼくの一番の願いは、みんなが平和になることです」
命を守る学習で大空のテーマは「自分の命は自分が守る。隣の人の命を大切にする」。だから、ケイは「自分の隣の人を大切にすれば、みんなが平和になります」と言ったのです。

私たちはけらけら笑いながら「平和を乱してるやつが言うか?」とからかいます。「ケイ、そう言いながら全然隣の人、大切にしてへんくせに」と子どもも口を尖《とが》らせる。ケイは頭をかいて笑っています。小学4年で転校してきて以来、彼の語彙《ごい》力、思考力、人とかかわる力の向上は目を見張るものがありました。

私たちは、その子が「その子らしく」いられることを、まず優先順位の一番に置いて学校づくりをしてきました。「その子らしさの質を上げよう」と。それは、「その子の現状のままでいい」というのではありません。「その子の〝ありのままの質〟を上げよう」ということです。

その質を上げるのは、子ども同士の学び合いです。そして、その子のおかげで、周りの子どもたちも、ものすごく育ちます。それこそが「学び合い、育ち合う」という教育の本質。教師の力量だけで補えるものではありません。むしろ大人は余計なことをしません。

スーツケースではなく風呂敷

さらにいえば、全校道徳は子ども同士の学び合いとなり、トラブルが良い教材になっていることに気づかされました。別にそこで充実した議論が交わせなくてもいい。そういうことを求めたらしんどくなる。子どもはお互いを大好きだから、みんな集まっている。そこに大人がノルマを課したら、絶対しんどくなる。少しでも負荷がかかりすぎると、子どもにとってそれは成長ではなく、マイナスになります。

ただし「ちょっとあの子、しんどそうやな」となったら、さっとグループ替えをします。

例えば、気の弱い1年生の女の子が意見が言えなくて黙っていたら、6年生のリーダーに「あんたもしゃべり」と言われました。よく話せないと「はよ、しゃべれ」と言われて、全校道徳の時間が怖くなってしまいました。

「月曜日は学校に行くのはいやだ」と家で言い出したため、母親が連絡帳に「全校道徳って、いったいなんですか？ それがあるために、うちの子は行きたくないって言ってます」と教えてくれました。

それを読んで、私たちは初めて知るのです。その子の気持ちに気づいていなかった私たちは「ああ、そうなんや。お母ちゃん、ありがとう。今からかかわるからあとで連絡するね」と返しました。

担任がその子に「何がいやなん？」と聞いたら、「6年生のお兄ちゃんが怖いの」と小さな声でつぶやきました。

翌週、様子を見ていると「言いたくなかったら、言わんでええで」と、6年生の言い方が少し冷たい。ただし、その子はいじわるしているつもりはまったくない。そのようなケースは解決に時間がかかります。そんなときは、グループ替えをします。

6年生に「言葉づかいを気をつけよう」といった介入はあえてしませんでした。日ごろからけんかも多く、人とかかわることが不器用な子です。ただし、自分なりにコミュニケーションをうまくしたいと努力している姿が見えるようになってきた子です。それが、少し気弱な1年生には伝わらない。

「言いたくなかったら言わんでもええで」の言葉も、彼にしたら一生懸命親切に言ったつもりですが、1年生の子は怖い。「そういうミスマッチの状況は早く替えたほうがいいな。どっちか片方が悪いわけじゃないもんな」と話し合って、グループ替えをしました。

「大空のような小学校をつくりたい。ノウハウやマニュアルを教えてほしい」

そう尋ねられるたびに「困ったなぁ」と悩みます。なぜなら、どこにも正解がないからです。大空にいた9年間、毎日毎日、「これでいいんかな」とずっと悩み続けてきました。「特別支援教育は行わないということですか?」とも聞かれます。私は「大空ではもう、特別いうのを、ほった(捨てた)んです」と答えます。支援の必要な子どもたちはたくさんいるので、支援教育はとても大事です。しかし、「特別」という言葉がつくと、ブレるような気がします。何か特別扱いして切り離さなければならない感覚になる。そうすると、それは子どもにとって本当の支援と言えるのか。この9年間は、その答えを探す時間だったように思います。

9年間ともに歩み、ともに学校を去った同僚の教諭がいみじくも私に言いました。

「木村先生、私らがこれでいいってただの一度でも思ったら、学校はつぶれますね。出会った子どもたちはいっぱいいいてるけど、この子といっしょにどうやったらやれるかっていう発想でやってきた。その反対で、無理やな、やっぱこの子は無理よねって、いっしょに学び合いをしない理由や言い訳ばっかり考えてる学校もある」

子どもたちは日々変わります。今日の子どもと、明日の子どもはまた違う。それなのに、マニュアルができたり、学校はこうあるべきだというような「形」ができてしまうと、その「形」に入れない子は、必然的に学校には来られなくなります。

45年間教育の現場にいた私からは、最近の学校はとても頑丈な「スーツケース」のように見えます。

長い棒のように尖《とが》った子は、端っこをポキンと折らないと入れられない。

まんまるの大きなボールのような子だと、ふたが閉まらないからダメ。

そんな子たちは、スーツケースに入れて運べません。

ところが、「風呂敷」だったらどうでしょう。大風呂敷を広げておけば、棒の端っこが出ていても、みんなでなんとか担げます。ボールもなんとか包めます。包み方はアバウトで、マニュアルがあるわけでもありません。

それなのに、学校は長い棒やまんまるのボールを排除する理由を懸命に考えているように見えます。同僚の養護教諭が言ったように、排除するのではありません。「その子といっしょに学べるにはどうしたらいいか」。その発想をみんながもてたら、学校現場は変われるのではないかと思います。

車椅子体験、目隠し体験などは、自分と違う人のことを考える最初の一歩といわれています。私も以前の学校で実施していました。が、それでわかったつもりになってはいけない。思い上がってはいけません。

みんなそれぞれ違いがあって、自分にない違いをもっている友だちがいる。

「自分はこうだけど、友だちはこうなんや。じゃあ、どうしたらいいか」

大空の子どもたちは、そういったことをいつも考え、試みる機会がいっぱいありました。全校道徳で寝転がっている友だちも、意見を言えない友だちも同じです。わかりにくい子、不器用な子のおかげで、どれだけ周りの子たちが、人として生きる力につながる大切なことを学んだか。

「この子のことを知ろう」と思いさえすれば、みんながつながれる。子どもには「相手を理解しなさい」ではなく、私らとどこが違うのか一回見てみようか？　という気持ちで臨んでいました。そうすれば、子どもは大人以上に互いの違いをわかり合えます。

「自分と違うから、邪魔やから、向こう行け」という態度を、ともすれば以前の私のように大人が見せてしまっているかもしれません。

「この子には特別支援学級在籍という肩書きがあるのだから、通常の学級でいっしょに授業しなくてもいい」という論理よりも、「この子といっしょに授業するにはどうしたらいいのか？」という発想に立てば、みんなが変わっていきます。

その子のためになることは、ほかの子のためにも必ずなる。その子にわかりやすい授業をすれば、ほかの子にとってもわかりやすい。

「その子」を排除することは、かけがえのない学びを捨てるのといっしょ。そのことを多くの大人に気づいてほしいと願います。

「自分の電車」を自分で用意させる

私は、全校道徳を企画するプロジェクトの一員なので、ＭＣをします。ＭＣゆえに、自分の考えは一切話しません。

それがある日、私以外の教員がＭＣをすることがありました。土曜授業での全校道徳です。「いのちを守る学習」をテーマに全校道徳をしました。いつもより、地域の人も保護者も多く集まり、かなりの人数で始めました。

私はほかの大人と同様、子どもの輪のなかに入りました。すると、私の横に座っていた男の子が、私の目を見て言いました。

「なァ、校長先生。今日、自分の意見言えるな。良かったなァ」

子どもはわかっているのです。自分の意見を言う達成感や喜びを。同時に、校長の私が自分の意見を言えないことも。だから「意見が言えるね、良かったね」と喜んでくれたのでした。

ところが、安心して少しサボって座っていた私は隣の子に「早よ言わな、終わるで」と言われてしまいました。焦った私は「えっ」とか「はいっ」などとうろたえながらとりあえず立って、とりとめのないことを言ってしまいました。

そのとき、目の前にいた子どもたちは「なんや、それだけか」「普段言わへんから、何言うてくれるんやろう？　って期待してたのに」とでも言いたそうに、こちらを見ていました。まったくもって期待外れや、といった空気でした。

そんなふうに、全校道徳は最初、大人も子どものグループに入っていたのですが、ある日6年生のリーダーから「先生、あれ、あかん。変えて」と、意見がきました。

「何を？」

「あのな、大人、邪魔やねん」

「なんでなん？」

「（子どもが）言おうと思うたことを、大人が先に言ってまうからや。大人邪魔やから大人は大人だけのグループつくって」

「……」

私は、ここでも子どもに学びました。

せっかく子どもが考えているのに、我慢できない大人が「次、誰やったん？」などと言って仕切り出す。それが邪魔だというのです。子どもですから「ぼくらの成長の妨げになる」などともっともらしいことは言いません。理屈ではなく、みずみずしい感性から出た「クレーム」でした。

なるほど。「6年生からこういう提案があってん」と職員に報告したら、みんな爆笑でした。その通りやな、と。そこで「次の全校道徳の時間は、大人だけのグループつくります」と子どもに話したら、ほとんどの子が「そのほうがいい」と賛成しました。未練がましい私は「大人も交じったほうがいいっていう人は？」と尋ねたら、返事は「いらない」のひと言でした。

自分で気づく、考える、人に伝える。

この力の源は主体性です。大空の子どもたちは、間違いなくこの主体性が育まれていました。

主体的にものを考える。主体的に動く。主体的に学習する。自分から学べば、いつか必ず学力がつきます。その意味で、大空の子どもたちは、目に見える力も見せてくれました。

私が退職する前年の大空の6年生は、全国学力調査の結果が、高い学力で知られる秋田県の平均正答率を上回った領域もありました。

主体性に加えて、算数や国語といった目に見える学力につながっているものがもう一つあるとすれば、「さよならメッセージ」かもしれません。

1日の学校生活を終えて帰る前に、さよならメッセージと名づけた小さな紙に200字程度、必ずその1日のことを書いて帰るのが日課でした。このメッセージはすべての子どもが書きます。

「子どもらの1日の学びに、一字一句赤を入れたり、感想をグッドとか書くのは失礼や。子どもが自分らで書くもんや」

私たち教師にとって評価の対象ではなく「その子をわかろうとする」学びのメッセージなのだということを、理解し合いました。

書き方にはいくつかルールがあります。最後の1行まで絶対書く。裏には書かない。自分の書きたいことを、決められた行数で書く。書くことがなかったとしても、一生懸命考えて書く。それらを最初に伝えました。

実は、このルールを徹底させると、子どもの「書く力」は大きく高まります。でも、一人ひとりの1日の学びはみんな違います。ですので、「自分の言葉で語る」ことを何よりも大切にしています。

毎日書きためたさよならメッセージは、1年間分を自分のファイルにとじて持ち帰ります。どの子も、とても大切そうに抱えて帰ります。

「大空の子はすごい」「自分の言葉をもっている」と、よくほめていただきました。「どうしたら、こんな子になるのですか?」と聞かれましたが、私たちにノウハウはありません。

なぜなら、自分で「書かなあかん」と感じなくては仕方がない。しかも、そこはいちいち指導できません。ひとりずつ感じ方が違うのですから。

学校で子どもを、例えば、ここからあそこまで成長させたいと思った場合、40人いたら電車を40台準備しなくてはいけません。でも、そんなことはできない。

だから、私たち教師は、子どもたちが「自分で自分の電車を準備する」方向にもっていかなければいけない。その電車の名前は「じぶん」です。学習も行事も、物事に取り組むプロセスとしては「自分からやる」が大事。自らの意志で自分らしくやるのが一番力がつきます。

しかし、多くの人は「学校が電車を用意しなくては！」と思う。でも、ほとんどの場合、学校が用意できる電車は1台だけです。

そうすると、大人に気を使える子、ちょっとみんなよりも成長が早い子はいいけれど、その1台に乗り切れない子はそこから振り落とされてしまう。大人に気を使えない子どもらしい子、成長が遅いと言われ、わかりにくい子たちは、置いていかれるわけです。

何をするにも、みんなまとめて画一的な指導ができる。電車を1台用意したらすむ。

でも、1台の電車に押し込めて、子どもたちは自分らしく豊かな成長を遂げるでしょうか？

私たちはそこに疑問があった。だから、一人ひとりが自分の電車を用意できるよう、仕向けていったんです。自分で電車を用意できれば、子どもらはどこへでも行ける。私たち大人の想定した以上に、必ず伸びていきます。

今現在の教育現場を見渡すと、小学校から高校、大学までが「いかにして主体性を育むか」に四苦八苦しています。自分の電車をもてなかった、電車をもたせてもらえなかった子たちが、いっぱいいます。

ちなみに、大人がもっとも盛り上がった全校道徳のテーマは「宝くじ」でした。「大空小学校のみんなで、たった1枚の宝くじを買いました、なんと、3億円が当たりました。みんなの3億円です。あなたはどうやって使いますか？」

面白いもので、お金が絡むと大人は恐ろしく熱中します。しかも、架空の話だというのに、まったく話し合いが終わりません。私が「はいっ！　ラスト1分前」と言っても、意見を集約することなく延々しゃべり続けています。このときは、大人と子どもでグループは分かれていたので、話し終えた子どもはみんな集まってくるのに、大人は誰も気づかないままという面白い光景でした。

発表になりました。子どもの発想の豊かさは、素晴らしいものでした。

「3億円でバスを買う。バスを何台も買って、学校の教室だけじゃなく、そのバスでいろんなところへ出かけていって授業をする」

「3億円で運動場に屋根をつける。なぜなら、雨の日は最悪だから。廊下は滑るし、運動場では遊べない。だから、雨が降りそうになったらボタンを押して屋根を出す。年中雨でも運動場で遊べる。プールは温水プールにすれば一年中入れる」

　また、こんな意見も出ました。

「大空小学校は良い学校だから、いろんなところに大空小学校をつくりたい。大空中学校もつくりたい」

　子どもたちはどの子も、自分たちがつくっている自分の学校を自慢に思っています。だから、ほかの場所にも、大空小学校をつくりたいと言うのでした。

　大人からも、温水プール建設の話が出ました。ただし、子どもだけがプールに入るのではなく、温泉を掘って温泉をプールにして、みんなが温泉に入れるようにする、というものでした。

　加えて、子どもには理解できない、大人ならではの夢も語られました。

「今、冬やろ。座ってたら冷えて腰が痛くなる。全校道徳は腰が冷えてたまらん。せめて体育館だけでも全面床暖房にしよや」

腰が冷える経験をしたことのない子どもたちは、キョトンとして聞いていました。

みんなの意見を、先生たちがホワイトボードに書いていきました。時間が来たら終わるだけで、一切一人ひとりの意見をまとめたりしません。テーマは赤のマーカーで書かれ、子どもの意見は黒で、大人の意見は青です。

いつもと同じように、次の週までホワイトボードはそのまま放置します。手でピュッとさわれば消えるマーカーですが、消されずそのまま残っています。

実は、本当に3億円が当たったと思った子がいました。1年生のサポーターから、翌日こんな確認をされました。

「3億円当たったたって、嘘ばっかり言ってるんですけど。これ嘘ですよね？」

「号令なし」で並ぶ

全校道徳の最初の5分間を見れば、子どもたちがいかに主体的に動いているかがわかります。

月曜日の朝、音楽が流れたら、講堂に子どもたちがワーッと集まってきます。音楽が止まると、並んでいます。子どもたちの前に、大人の姿はありません。

列が端から順番に、6年生、4年生、1年生、2年生、3年生、5年生と、大空のリーダーである6年生と、サブリーダーの5年生が、低学年をサンドイッチする形で並びます。「ほら、○○ちゃん、はみ出てるで。後ろ向かんと前向きや」

リーダーたちが声をかけているうちに、縦も横も揃います。支援が必要とされる子どもたちも、みんなといっしょに落ち着いて並んでいます。

校長のここでの仕事は、子どもがはみ出ているところに行こうとする教員に「邪魔」と気づかせるのが仕事です。

1学期の間は「早く並んでや」などと、6年生が一生懸命声をかけています。でも、そのうちに6年生が動かなくても、音楽が終わった瞬間、講堂中の空気はピタッと止まります。たまに大きな声が聞こえたりしますが、その声に周りの子が動じない。授業に集中しているのです。

「号令をかけられて動くことと、自分から気づいて動くことの中身の違いはすごく大きい」

教員になってしばらくして、それに気づいた私は、体育の授業も朝会でも、号令をやめました。号令をかけなくても、何かのサインがあれば、誰かが気づいて動いたら、その友だちを見てほかの子が気づいて動く。気づかない友だちにそっと気づかせてやる。自分が気づいて動く行動パターンは、すべての子どもにとって重要です。

みんな動きが違うから、自分との違いを感じる。子ども同士の学び合いのなかで、大切にされないといけないものの一つです。それを、教師の号令で奪っていいのだろうか。そう考えたのです。

例えば、子どもに「気をつけ」と言う。子どもは「気をつけ」が何を意味するのかはわかりません。

「気をつけって、意味わかる？」と尋ねたら、「ビシッて立つこと」と答えます。

少し違います。「気をつけ」は、自分の正しい姿勢を保つこと。正しい姿勢を保つにはポイントが三つあります。

両方のかかとをくっつけて、つま先を広げる。両腕をまっすぐ下ろし、指先を太ももにつける。そして、自分が何をして、何を見るか。大事なところに自分の気持ちを合わせたらよいわけです。こんなことは一人ひとり違います。気をつけを号令でかけると、命令に聞こえてしまうでしょう。

例えば、「前へならえ」の号令は、前の人と握りこぶし一つ分空けて腕を上げます。学校でそれをやると、1年生と6年生の腕の長さは全然違うから、横の列は必然的に揃いません。

そこを説明し「前へならえの必要、ある？」と子どもに問いかけると、「ないな……」

と答えます。

「前の人の後ろにきちんと立つことだけが目的になってしまうと、前の人の後ろに立つ。前の人で見えへんかったら、自分の意思で動いて、見えるようにすることのほうが大事です」

そうすると、正しい姿勢とか、隣の友だちと横の線を揃えようとか、前の人の後ろに自分がきちっとまっすぐ立つなど、子どもはそれぞれ自分で考えて、気づいてない子に教える姿が見られるようになりました。

大人が一人ひとりの違いと、子どもの力を見ようとすれば、号令は必要ありません。障がいがあろうとなかろうと、体が小さかろうが大きかろうが、みんなで並べます。そのようなことを大事に考え、実践していったのが、32歳で赴任した大阪市立岸里小学校時代でした。

号令をかけて人を動かす方法に、犬の訓練に近いものを感じていました。「先生に怒られるからこれをする」とか「余計に勉強させられるからおとなしくする」といった後ろ向きな発想で物事に取り組ませているような気がしました。そうではなく「自分のために、これをする」「自分が友だちといるために、これをする」という前向きな発想を選択したほうがいい。前者と後者では、天と地ほど違うと考えました。

「整列するということは、縦と横が揃って初めて整列やで」と、直接子どもに投げかけていきました。そうすると、子どもはちゃんとやるわけです。「集合！」と号令をかけなくても、子どもがピュッと集まってきました。

岸里小学校時代に出会って、大空でともに過ごした同僚がいます。岸里からそれぞれ異動になり別々の小学校に勤務していたら、彼女と前任校でいっしょに働いていましたという教師に出会いました。

「木村さん、あの人すごいね。神さん（神様）みたいな先生やね」

その先生が、彼女のことをほめちぎるのです。私は「そうでしょう」と応じていると、こう言いました。

「あの先生な、まったく号令かけへんのに、子どもがサッと集まってきれいに並ぶんや。いや、ホンマ、魔法みたいやで」

私は喜びが込み上げました。心からうれしかったのを覚えています。再会した「神さん」にその話をしたら、当時のことを語ってくれました。

「転勤したら、教師はアウエーですやん。実際、いやァ、どないしよかと思いました。でも、当時の木村先生に『大人を通さんと、自分が責任をもって子どもを指導するんやで』って教えてもろてるから、もう貫きましたわ。朝礼指導って、順番にやってくるでしょ。

前に指導した先生たちは、前にならえをやってはるけど、自分の番がきたときは号令なしでピャピャッってやってしまいました。今思えば、怖いもの知らずでした。でも子どもが変わるから、ほかの先生にも伝わる。指導理論とかない。感覚だけやけど、伝わった先生はまねし始めました。きっと同じような思いでやってくれたと思います」

彼女同様、私も感覚だけでやっていましたが、大空に来てそれを理論づけて考えられるようになりました。でも、「うちは号令なしでして」などと先に説明しないほうがよいのかもしれません。新たに大空に赴任した職員は、朝礼の並び方が違うのを見て「あっ」と思うわけです。子どもに伝えている理屈ですから、大人にもわかりやすい。だからスッと入ってくるのです。

そもそも、小学校は子どもが集まったり、並んだりする機会がすごく多い。毎週月曜日の朝会、体育の授業。集まるたびに「気をつけ」「前へならえ」をさせられたとしたら、その毎回の1分なり10秒なりの時間、どれだけ子ども同士が学び合えるチャンスを教師が奪っているか、計り知れません。それは悪しき小学校文化として、見直しが必要だと考えました。

大空は号令なし。その学校生活が、子どもたちの「自分から、そして自分らしく」を育む根っこの1本になっているのは間違いありません。

とはいえ、根っこが長ければ長いほど、違う畑に植え替えるのは大変です。「中学校に上がった子どもたちはどうですか？」と、よく尋ねられます。

創立して3年目くらいの卒業生は、中学校の愚痴を言いによくやってきました。中学校でやってることはおかしい、と。大空では一切号令をかけない集団行動を、子どもたちは例えば、こんなふうに学んでいます。

犬の訓練では、「ハウス！」と命令すると、犬は犬小屋に入ります。子どもがダラ～ッとしてても、怖い教師が怖い顔をして「気をつけ！」とひとこと言えば、シャキッとなる。でも、言われないと、ダラ～ッとなる。

「どうなん？　それってておかしいやんな？」

ところが、中学校に行ったら「気をつけ！」「前へならえ！」となる。

「先生、なんであんなわかりきったこと、中学校でやるん？」と口を尖《とが》らせていました。

開校から3年ほど経ってから「世間とのギャップがあるかもしれへんな」と反省し、卒業前に「中学校入学準備セミナー」を始めました。

「気をつけ！」「前へならえ！」「行進は前の人の頭を見て、イッチニ、イッチニ！」

6年生は行進しながら「クックック」と笑っています。「なんのためにすんの？」と聞かれたら、「こういうことも、経験しときや。自分がおかしいなァと思っても、それをできる自分になることは必要やと思う」とごまかしました。

中学校が変わってくれたら、ぐんと変わると思います。髪を染めてたら、学校の門は入れん、これは校則や、となります。校則があるから中学校に行けない子が出てくる。「なんで、そんな校則つくるん？」と子どもが聞いたら、中学校はどんな説明をするでしょうか。「世の中に出て就職したら、右向け言うてる社長に、私は左向きたいて言うたらクビになるやろ。そういうことも社会勉強としては必要なんや」

たとえは違うかもしれませんが、理論的にはそのようなことをたいがいの中学校の先生はされます。でも、小学校にいる私たちは、まだそのあたりを突破できていません。

「小学校を出ていくと、こういうこともあるよ。そのなかで自分で動けるようになって、自分の考えをしっかりと積み重ねていこう」

そう伝えて送り出すしかありませんでした。

一つ心がけているのは、お互い理解し合うために、形式的な小中連携ではなく普段通り、つまり本音のつき合いをすることです。中学校の校長先生が剣道の達人だったので、大空で剣道の授業をしてもらったこともあります。そういったことを通してつながっていく。児童一人ひとりのことも、直接顔を合わせて伝えます。日ごろのつき合いを大切にしながら、子どもたちを中学校へつなぐのです。

3・11から学んだ主体性の重要度

その瞬間、私は職員室にひとりでいました。

ふらっとしたので「これは何？」と思っていたら、事務室から事務職員が出てきて「ひょっとして地震ちゃいますか？」と言います。やはり揺れている。東北とは比べものにはならない震度3でしたが、焦りました。

「全員、避難の場所へ集合」

この放送で、すぐに運動場へ。

「誰ひとり、死んだらあかん！」

教職員に叫んだのを覚えています。

２０１１年3月11日。実際に地震が起きて、わかったことがありました。自分がどれほど焦るものなのか。自分自身の無能さを感じ、それまでの状況を想定した避難訓練をやめました。

校長が仕切って、動かして、校長が不在の場合は誰が指示を出すのか。想定内の学習をしても無駄ではないか。今までのやり方は間違っていたのではないか。職員とも話して、避難訓練を「いのちを守る学習」という内容に変えました。

例えば、私が退職したあとの２０１５年度。大空のホームページに授業内容が発信されています。

（大空小学校ホームページより要旨抜粋）

「いのちを守る学習」のスペシャル授業として、大阪市立大学の地質学のスペシャリスト三田村宗樹教授に地質学の視点から「いのち」について講義していただきました。

地球上には35億年前から生物がいて、長い時間の中で生物は進化し、その時代を生きて、命を受け継いできた。時には、地球の様子が大きく変わり、ほとんどの生物が死んでしまったこともあり、現在の私たちは地球の歴史の中で、生物が命を受け継いできた結果として生きている。

〈子どもの感想〉

だから、「自分のいのち」は「地球のいのち」の一つである、という言葉に、子どもも大人も受け継いできた「いのち」の重みを感じました。

そして、健康科学のスペシャリスト渡辺一志教授が「いのち」をテーマに、大空小学校の「体力アップ」の取り組みにつながる授業をしてくれました。

東日本大震災では、地震による大きな津波から逃げるため、高台へ全力で駆け上がることができた人の命が助かった。なかには、走ることが難しい人をリアカーに乗せて坂道を上がり、命を助けた人もいた。命を守るためには「体力」が必要で、運動や食事、睡眠がとても大切になってくる。現代は、昔に比べて、便利になり、遊び方も変わってきたため、体を動かすことが減ってきている。体には、さまざまな筋肉があり、動かすことで体力が高まる。

〈子どもの感想〉

家でよくゲームをし、外で体を動かさなかったり、便利なものに頼ってばかりいる自分に気づかされました。最後に、体を動かし、自分の体力チェックをし、体力アップの必要性を感じました。

加えて、３・11以来「いのちを守る学習」の一環として、想定外の事態に対応する能力を養うため「予告なしで行ういのちを守る学習」を行いました。いざというとき、過度にパニックになるのを防ぐためです。

大空は開校以来、避難訓練を改良してきました。一般的に、学校の避難訓練は、年間計画表で実施日が決められています。子どもも教職員も気持ちの準備をして、その日を迎えます。当日は、職員室で、例えば２時間目に放送が入りますと打ち合わせもします。

でも、それはおかしい。訓練の担当者と校長の私だけが相談して、突然行いました。それでも、走ったらいけないとか、6年生はこの階段で行くこと、といった従来の決まりごとは残っていました。実際に地震が起きて、もし津波がやってきたら、走らずに避難するなどありえません。避難訓練を予定通りにやることだけが目標ならノウハウで動いてよいのかもしれませんが、実際に想定外のことが起きたらそのノウハウは使えません。

「予告なしで行ういのちを守る学習」とは、以下のようなものです。まず、「ピンポンパンポン」と音楽が流れて、職員にさえ知らせていない校内放送が、突然始まります。

「今すぐ全員講堂へ集合します」

しかも、たった1回のみ。ほかの場合も同じですが、校内放送はすべて1回のみです。気になる子は多数いますから、静まり返った教室ではありません。でも、1回しか放送しないと子どもたちはわかっているので、ピンポンパンポンと鳴ると、一瞬シーンとなって必死に耳を澄ませます。そして、校内のどこにいても1分30秒以内にすべての子どもが講堂に集まってきます。

これを初めて実施したとき、子どもはびっくりしていました。それでも、たたみかけるように、次の課題が与えられます。

「困ったこと、気づいたことを、これから教室に戻って書きます。今から3分後には椅子に座っていること。そのために、いっせいのせいで、ここから出るにはどうしたらいいでしょうか?」

実は講堂の出入り口は1箇所しかありません。私が「ゴー!」と言うと、子どもはそれだけで盛り上がりワーッと走っていきます。すると、狭い出入り口のところに一気に集まるので、バタンと将棋倒しのようになって寝そべっている子が出てくる。

「ストップ!」

それで子どもはピタッと動きを止めます。「やり直し」と言うと、6年生が考え始めます。講堂はほかにもドアがある。いつもは使ってはいけないことになっているけれど、そのドアを使うべきではないか。

「こっちのドアから行ったら、早いんちゃうん!?」

誰かが叫んで、またみんな動きだす。大人が教えなくても、子どもは考えます。「こっちのドア、使っていいですか?」などと教師にお伺いを立てたりしません。そもそも「間違っていたら叱られる」といった恐怖感がない。自分たちで考えて失敗したことは、絶対責められないからです。逆に「ダメならストップかけてくれるやろう」という信頼感があるのです。

教室に戻った子どもたちが書いた「自分の考え」は、大人が学ばせられることだらけでした。

例えば、6年生。

――すぐに行かなくてはと階段を走って下りました。すると1年生が階段のところで疲れて座っていました。「あっ」と思ったけど、自分が早く行かなくてはいけないので、かまっていたら遅くなると思ってほうっていきました。でも、本当の地震だったら、あの子は死んでいたかもしれません。次は、困ってる子を見たら、せめて「早く行きや」って声をかけたり、手をつないだり、そういう行動を自分はやろうと思いました。

――自分は足が速いのに、一番近い階段を使いました。その階段はすごく混んでたから、足の速い自分はそこじゃないもっと遠い階段を行ったほうが、近い階段が少しはすいていく。小さい子に、近い階段を使わせてあげたほうがよかった。

低学年は「怖かった」とか「恐ろしかった」と正直に書いていました。それをまたほかの学年の子に「1年生、こんな思いしてたよ」と伝える。すると、高学年は「自分らも怖かったから、1年はもっと怖い。1年生を守らなければ」となります。

その次の放送のとき、講堂から教室へ戻る際、6年生のリーダーに「先に出て1年生から5年生までの様子を見たら?」と話しました。みんなが教室に帰るのに問題がないかどうか、一度監察してみようということになりました。

リーダーがいろんな場所に立つ。自分の目の前をみんなが走っていく。すると、またいっぱい問題点が見つかりました。

子どもたちは次第にスキルアップし、放送があって教室から飛び出すときも、前のドアから出る子、後方のドアから出る子と見事に分かれてスムーズに動くようになりました。しかも、仲間を押しのけて我先にという子はひとりもいません。

「いのちを守る学習のねらい」に掲げている「自分の命は自分で守る。となりの人の命を大切にする」を全うするために、自分がどう動くか。突発的な事象が発生しても、自分で考え判断する学習を重ねてきた成果だと思います。

年度替わりで1学期に初めて行うと、もっとも面喰《く》らうのは、新たに赴任してきた教職員です。新しい教師は打ち合わせをしていないので、この放送を知りません。避難訓練だとハッと気がつくのですが、子どもを誘導しようにも、動かすべき子どもはすでにいません。

「ほんま驚いたわ。自分ひとりだけが教室に取り残される、あの疎外感はないで」と、ある教職員は苦笑いするしかありませんでした。

さて、ある日の放送。

講堂に集まった子どもたち、そしてその日たまたま来校していた地域の人や保護者に、私は突然言いました。

「震災に遭った子どもたちな、せっかく講堂に集まっても、一瞬にしてみんな津波で流されたんやて。だから津波が来たら、上に上がらなあかん。」

「4階に行ってください」

これは教職員も聞いていない。まさに想定外の状況で子どもを動かさなくてはいけません。

ワーッとみんなが一斉に階段を上っていきます。4階に上がったら1年生はどことか、6年生はどことか、普通なら事前に決めておいて子どもを動かしますが、私はそのようなことにはふれず、「4階に行って、教職員は人員確認だけ徹底的にやって」という指示のみ出しました。

4階のどこに何年生がいるかもわからないので、職員もパニック状態。「こんなん、どこにおるかわからへんかったら子ども守られへん」と恨み節（?）も出ました。

ですが、学校が避難方法をあらかじめ決めていたことによって、子どもが命を落とした。それが、3・11が私たちに届けてくれた教訓でした。避難訓練通りに動いた宮城県石巻市の大川小学校では、多くの子どもの命が奪われました。個々に逃げた岩手県釜石市の子どもたちは助かりました。私たち学校の人間は、その事実から学ばなくてはいけません。

3・11以来、ずっとそのことを考えていました。失われた命を無駄にしないよう、現場の責任者である校長は何をしなくてはいけないのか。学校を変えなくてはいけないのではないか。これまでの避難訓練で、やったつもりになっていてはいけない——。

「当たり前のことが通用しない悪しき学校文化をなくす」ことに努めてきましたが、そのどれも身軽にハードルを飛び越えてきたわけではありません。避難訓練をなくしたことも同じです。

「9割まともなことをやっていても、1割違っていたら、子どもはその1割で絶対大人を信用しない」

そう信じて取り組んできました。

さて、4階の話に戻りましょう。

とことんパニックになったあと、いっぱい反省が出ました。子どもは全員困ったことを書く。4階まで走って疲労困ぱいした大人も「足がつりそうやったわ」などと言いながら鉛筆を持ちます。

そこでもっともたくさん出たのは「災害があったときに命を守るため何よりなくてはならないのは体力だ。体を鍛えなくてはいけない」という反省でした。1階から4階まで走って上る。１年生はしんどくなって階段の隅に座っていました。

これは、体育の授業を見直さなくてはいけない。体力のある人間は、もっと体力をつけて弱い人を守ろう。そのような対策につながりました。

その後、職員の間で「４階が安心の場所ではない。（大空小学校の）隣の団地の９階まで上る力がいるぞ」という話になりました。団地の外側の壁には９階までの非常階段がありました。町会会長に「いざというときは、大空の子どもたちを非常階段を使って９階まで上らせてください」とお願いしたら「よっしゃ」と言ってくださいました。

ということは、９階までエレベーターを使わずに、自分の力だけで上る体力をつけなくてはいけません。大阪府は、全国体力運動能力調査で47都道府県中46位。子どもはもちろんですが、大人も頑張らなくてはいけません。

第3章

私の原点

「教育の神様」と運命の出会い

私の原点の一つになった先生がいます。

ハラ先生。大学が兵庫県にあったため、教育実習は尼崎市立立花小学校でお世話になり、そこで出会いました。40代後半くらいの男性教諭で、専門は理科と記憶しています。私が短大2年生の秋のことでした。

5年ハラ学級の実習生になって2週間、ひと口も給食を食べられませんでした。大学では水泳部に所属し、1日数千メートル泳ぐため大食漢でしたのに、あまりの緊張から食欲が湧いてこなかったのです。

当時は何に対する緊張かわかりませんでしたが、担当教官であるハラ先生から受けるストレスだったのかもしれません。まず、実習生の私に何も教えてくれませんでした。そればかりか、しゃべってもくれない。周りの実習生は、放課後になるといつも担当教官といろいろな話をし、指導を受けていました。

私はといえば、それとは逆でいつもほったらかされていました。何しろ、先生の居場所さえわからない。こちらは教室しかいる場所がないのですが、先生は教室にいない。私にとって、人生最大ともいえる孤独と不安を味わいました。

授業も私は何もすることがないので、ただただ子どもたちと先生を観察していました。毎日、大学ノートに見たことをガーッと書く。会話がないので、自分が見たこと、感じたことを書き連ねました。1日の流れ、1時限ごとの授業の流れ。毎時間のチャイムが鳴ったら先生がどう動いたとか、先生がどこに立ったとか、子どもの発言なども全部記録しました。何をしてよいかわからず、毎時間の授業記録を実習ノートに残したのです。

そして、1日が終わったら、私が学ばせてもらったことを自分の感想として、ときには気になる子のことを書いたりして、担当教官に「お願いします」と持っていきました。

ほかの実習生も実習ノートを提出していました。すると、担当教官がそれに判を押したり、何か所感やアドバイスを書いたりして、返却します。ところが、私の先生の場合は、提出した実習ノートが翌日、ポンと私の机の上に置かれている。最初は「何書いてくれはったかな?」とドキドキしながらノートを開きましたが、その期待はすぐに裏切られました。

連日返却はされるのですが、所感もアドバイスも、ひと文字もなし。判子一つ見当たりません。

（どうせなんも書いてくれへんノートや）

子どもっぽく言えば、半ば「やけくそ」の気分でした。落胆しつつも、制約がない分、本音で正直な言葉を綴《つづ》り続けました。２週間見事に返信なしが貫かれたノートが、14日目も私の机に載っていました。

最終日までに、実習生である私たちは、１時間の研究授業をしなくてはなりません。それがそのまま大学の単位にもなりますから、非常に焦りました。ほかの実習生仲間は担当教官のアドバイスを受けながら着々と準備を進めているのに、先生と話すことさえできない。

とにかく研究授業の準備をしなくてはと、指導案を書いて「教えてください」と持っていきました。すると、目も見ずに言われました。

「しょせん、良い授業なんてできるわけないよ」

はァ⁉　と面喰《く》らいました。

「できる授業を自分なりにやってごらんなさい」

そう言い残してスタスタと去っていく後ろ姿を見送りながら、私は目の前が真っ暗になりました。指導案には目もくれない。授業中も何一つ指導してくれなかった。どうすればよいかわからないまま、とにかくハラ学級の授業の見よう見まねで、研究授業をしました。

最終日の放課後、担当教官や校長ら管理職が、実習生の反省会を開いてくれました。会の最中、私は教頭先生に「ちょっとおいで」と呼ばれて、こう言われました。

「あんたくらい幸せな実習生はないよ」

自分が日本一不幸な実習生だと思っていた私は、耳を疑いました。

「あんたは運が強い。あんたを担当したハラ先生は教育の神様やで」

まったく意味がわかりません。ぽかんとしている私に、教頭は（今にわかるで）というように、目で語られました。


なぜ、先生が「教育の神様」と呼ばれていたのか。教頭の思惑通り、私は実際に教師になってから気づきました。

例えば、算数の授業。課題だけ出したら子どもたちが勝手に解決していきました。課題をどう解決するかを、子どもたちが意見を出し合い、話し合いながら、授業が進んでいくのです。そして、最後にまとめが出てくる。

どうしてそんな授業ができるかといえば、ハラ先生が普段から「学び方」を指導していて、それを子どもが身につけているからでした。毎時間、子どもたちは自ら学びを獲得していました。研究授業を算数にしてハラ先生のやり方で行いましたが、見事なくらい私の出る幕はありませんでした。

ほかの教科もすべて同じ。子どもたちが授業を進めていく。チャイムが鳴って、先生が「これ、どうや?」と課題を出すだけで、あとはすべて子どもが授業を進める。そして、見事に解決する。先生が「はい、終わり」と言ったら終わりです。

今でも忘れられないのは、道徳の授業です。

ハラ先生が道徳の授業研究を行ったときは、他学年も含めたくさんの先生が見に来ていました。私たち実習生も後ろのほうで参観しました。

チャイムが鳴ったら、突然黒板の前に立って紙を折り始めました。折ってビリビリ破いて紙吹雪みたいに破き尽くしました。

「先生、何してんやろ?」

子どもたちはあっけにとられて、じっと注視しています。

次に、先生はそれを机の前にパーッとそれこそ紙吹雪のように撒《ま》き散らしました。そこで初めて口を開きました。

「みんな、掃除してくれる?」

すると、子どもたちは我先にとほうきやちりとりを持つと、すごいスピードで動き始めました。すると、たくさんあった紙吹雪が一瞬のうちに片づいたのです。時間は2分もかからなかったでしょうか。

「すごいね。こんなにたくさんあるゴミを、こんな短時間で一瞬のうちに掃除をしてくれたね。それなのに、どうして普段の掃除の時間はみんな掃除ができないんだろうね」

これが、この道徳授業の課題だったのです。

そこからの子どもたちが、またすごかったのです。どうして普段は掃除がスムーズにできないのか？　という理由をめぐる議論が始まりました。ひとりが「みんなやる気がない」などメンタル面を言えば、ある子は「時間が足りない」とか、さまざまな角度から意見を言い合います。結果的に「できることは普段からやろう」といったまとめで道徳の時間が終わりました。これはおよそ45年前に見た授業ですが、あの45分間は今でも鮮明に私のなかに残っています。

さらに驚いたのが、実習最終日の私のお別れ会でした。いつどこでこんな準備をしてくれていたの？　と本当に驚きました。私は子どもたちの輪のなかに座らされ、一人ひとりが私といっしょにいた時間のことを自分の言葉で伝えてくれました。45分間、ものすごく温かい時間をつくってくれたのです。何一つやっていない私でしたが、確かにここでいっしょにいたのだ、私は2週間やり切ったのだと自尊感情を高めてもらいました。

でも、その45分間、教室に先生の姿はありませんでした。子どもたちが自分たちだけでプランニングし、実行したのです。通常は、お楽しみ会やお別れ会などは学級担任が行いますが、ハラ先生は学校でのすべての時間を、子どもたちの主体性を育むことに専念していた。そこはまったくブレない。だからこそ「伝説の教師」だったのでしょう。

神様が遺《のこ》した言葉

先生は、知識を一方的に教え込むのではなく、子ども同士が課題を解決する学習の仕方を身につけさせていました。今でいう「学び合いの授業」のようなものです。今でこそ、学び合いや「課題解決型の授業」といったものが注目されています。つまり、教え込む授業ではなく、子どもが自ら学びとる課題解決の授業をしようというものですが、ハラ先生は45年以上も前から見事にそれらを実践していたのです。

そして、私はその授業をわずか2週間とはいえ、実際にこの目で見ることができました。教師になって当時の教頭の言葉を、心のなかで何度繰り返したかわかりません。

「私ほど幸せな実習生はいなかった」と。

しかも、先生はマイナス面も私に見せてくれました。

失礼ながら吐露すると、先生は体育の授業があまり上手ではありませんでした。それだけ自分たちで動ける子どもを育てておきながら、体育の時間になるとご自分が前に出てきて足の屈伸運動などをやって見せていました。

決して良い動きではない先生がやっているのを、子どもたちがまねしていました。体育が専門の私は「子どもら、もっと力もってるのにな」と少しがっかりしました。ほかの教科の授業と、体育の授業がまったく違うことに気づきました。先生の意に反してでしょうが、正も負も両方見せてくださったことは、その後私にとって大きな学びになりました。

思えば、担当教官としてのハラ先生は、大工さんの棟梁のようでした。棟梁は弟子に「見て覚えろ」と言いますが、まさにそのものでした。ああしろ、こうせいと言葉で教えて知識だけ覚えても、実習の2週間では何もできません。だから自分で見て学べということで、ほったらかしたのでしょう。

そのため、新任の1年目は、実習で書き続けた「ハラノート」が手放せませんでした。国算社理すべての授業の仕方が書いてあるので、見ないと授業ができないのです。「なんでこんなにみんなと授業のやり方が違うんやろう？　子どものとらえ方が違うんやろう？　私のほうが悪いことしてんの？」

頭のなかにいくつもの「？」マークを浮かべながら、ノートのページをめくっていました。私の担当教官は教育の神様です。伝説の教師に1歩でも近づくのが目標でした。

「何しろ、私はハラ先生のやり方しか知らへんしなァ」

そうぼやいていたら、実習ノートの裏表紙の裏側、ツルツルした真っ白なところに、小さな文字を見つけました。

「何、これ？　はあ⁉」

私はあまりの驚きに、目と、口を同時に見開きました。

恐らくよく削られた鉛筆で書いたであろう、細くて薄い、小さな文字でした。けれども、確かに筆跡はハラ先生です。


流れる水の如く、流されるのはいとも容易く、逆らうことは困難を極める。


ノートに一度も感想を書いてくれないと、当時どれだけ文句を言ったかわかりません。それなのに、最後にたった1行の言葉を贈ってくれていたのです。

「なんで、こんなわかりづらいところに……」

先生が言わんとすることは、初任のころからじわじわと私の体に染み込んでいたことです。

すでにお見通しだったのです。先生が私に無言で伝えた「子ども同士が学び合う」教育を現場でやり通すことが、いかに困難を極めることか。それでも――。

「流されず、逆らえ」

そんな気持ちを込めて、書き遺してくれたのだと思います。

それ以来、何かに迷うと、ノートの裏表紙を開きました。そのたびに「私は間違っていない」と確信しました。先生が遺してくれた、たったの1行が、私の背中を支え続けてくれたのです。

あの言葉があったから、今の私がある。教師としての原点になったと思っています。

なぜか小学校の先生に

教師になろうと思ったのは、中学2年のときでした。大好きだった女性の体育教師の影響です。「勉強しなさい」と母が言いすぎたせいか、勉強しない子どもだったのですが、学校の駅伝大会や体育大会の徒競走で1番になったりと、スポーツはよくできました。「泰子ちゃん、やって見せて」とその先生に言われ、跳び箱を跳ぶなど見本演技をして自尊心をくすぐられたのでしょう。体育の授業がとても楽しかったのを覚えています。

ところが、運動はできるのに、金づちでした。プールの時間になると寡黙になりました。

顔を水につけると息が止まる。恐怖しか感じませんでした。6年生になって泳げないのは私ひとりでした。何がなんでもということで、無理やりプールにほうり込まれました。あまりの恐ろしさで、私は水着のまま、家まで逃げて帰るほど、水が怖くてプールの時間が大嫌いな子どもでした。

そんな私に、ある先生が「そんなに顔をつけるのがいややったら、上を向むいてみ。そのまま、足動かして、腕動かして」と、なんと背泳ぎを教えてくださったのです。顔をつけなくてよいのならと、私は必死で上を向いて先生に言われる通りにしました。

この指導要領にもない背泳ぎを教えてくださった先生に出会っていなかったら、私は泳ぐ楽しさを知らないままだったかもしれません。

水泳の楽しさを知った私は、中学、高校と水泳を続けました。兵庫県にある武庫川学院女子短期大学教育学部保健体育学科に進学後は、水泳部で鍛えられながら中学校の体育教師を目指しました。

そんな私に転機が訪れたのが、大学2年生の夏休みです。小学校課程の特別集中講義があり、それを受ければ小学校教諭の免許ももらえると、友だちが知らせに来ました。体育科の友人たちは「みんなで受けようや」と言います。

旧姓が古杉《こすぎ》の私は「コッツン」という愛称だったので、仲の良い友人から「なあ、コッツンもいっしょに受けようや」と誘われました。中学教員を目指す私は「なんでなん？　そんなん、いらんわ」と抵抗しましたが、「これからはライセンスは必要な時代やで。いらんわ思ても、あとで必要になるかもしれへんで」と食い下がられました。

とはいえ、水泳部に所属する私は夏が勝負です。夏休みの40日間はずっと合宿が続き、集中講座になど出られるわけがありません。「私なんか絶対無理やし」とぼやいたら、彼女が「出られんところ、私が代返取っといたるわ」と言うのです。大学の近くにあった「ひまわり」といううどん屋さんの「スルメうどん」をおごってくれればよいと言い、手伝ってくれました。

みんなに勧められて取得した小学校教諭免許だったのに、そのおかげで本当に豊かな人生になりました。あのとき彼女が食い下がらなければ、今の私はありません。その後、私は小学校教諭2級の教員免許を取得するため、再び前出の尼崎市立立花小学校へ。中学校教諭2級免許取得のため、公立中学校へも行き、二度教育実習を行ったのです。

しかしながら、その夏の教員採用試験は、大阪市教員として中学校保健体育教諭を受けました。結果は合格を表すＧ判定。母も父も喜んでくれました。

翌年の3月になり、赴任先の知らせが届く季節になりました。

母からポケベルが鳴ったので、家に電話したら「今すぐ阿倍野区の高松小学校に来てほしいと校長先生から連絡があった。すぐ行きなさい」。

（受かったんは中学の採用試験やのに、おかしいな……）

事情がのみ込めないまま高松小学校に行くと、校長先生から「高松小学校であなたを教員として採用します」と言われました。

よくよく聞けば、中学校の体育教員、特に女子教員は空きがない。しかも、4年制大学の卒業生が優先なので、短大卒は順番を待っていてもなかなか巡ってこない。中学校とは反対に、大阪市立の小学校は子どもが増えていて教師が不足している。当時、大阪市は九州まで出張して小学校教諭の採用試験を実施していたほどでした。

「あなたは小学校の教諭の免許をもっているから、小学校の採用試験は受けてないけど、小学校の教員になってください」

校長の説明に驚きましたが、仕方がないので1年間小学校で「腰かけ」の教員生活を送ることにしました。再度中学校の採用試験を受け、合格したら1年後は晴れて中学教員になれるのですから。

高松小学校での面接の帰り、私は書店で次年度の中学校教員採用試験の問題集を購入しました。「小学校の先生はあくまで腰かけだ」ということを自分に言い聞かせるためでした。

新任教師、学級王国をつくる

１９７０年４月。初赴任の大阪市立高松小学校で、いきなり3年生の担任になりました。児童は45人くらいでしょうか。第２次ベビーブーマー世代ですから、１クラスの人数が多いうえに1学年４クラスありました。

「ハラ先生、こうやって授業してはったな」

ハラメソッド通りの授業をし、学級運営をしたら、自分で言うのもはばかられるのですが、すごい学級ができ上がりました。

子どもたちが勝手に学び始めたのです。例えば、国語の物語文の単元。

「じゃあ、まず最初に読んで」

黙読せよとか、大きな声でとか何も制約はつけません。すると、子どもは好き放題に読みます。ほとんどが声に出して読んでいました。

「わからない漢字とかは、聞いてね」

でも、尋ねる先は教師の私ではありません。友だちに教えてもらうのです。「ぼくもわからへんねん」となったら、いっしょに辞書で調べます。教師が教え込むのではなく「ともに学ぶ」が当たり前。「わかる子に聞けば、わからない子もわかる。わかる子はもっとわかる」がメソッドの原点です。教えるほうも、うまく説明できないと、「あ、もしかしたら、私もしっかりわかってへんかったわ」ともう一度学び始めました。

弱冠20歳の私は、学びの原点など理屈はわからないまま、ひたすら実践するのみでした。「変わった授業してるね」。先輩教諭に言われても「こういう授業しか知らないんです」と答えていました。

私が教師になった70年代の教育現場は、知識注入を良しとする時代でした。つまり、一つの問題を解くプロセスで数学的な考え方や思考過程を重視するよりも、どれだけ知識を詰め込むかに軸足が置かれている。

その時代に、一つの問題に1時間かけて議論するなど、ありえないことでした。私はまたたく間に「問題教員」のレッテルを貼られ、先輩教師から連日のように「なんで早く答えを教えへんの?」と叱られました。

さらに、授業の進捗状況を心配した保護者からも「先生は答えを教えてくれない」と苦情が入りました。なかには、集団で「担任を替えてほしい」と校長室にやってきた人たちもいました。

子どもたちは生き生きと学んでいる。力もついている。しかも、前の年に尼崎の小学校で「教育の神様」と呼ばれた先生の授業をそのまままねているのに、どうしてここでは通用しないのか。1年目の私は、まさに八方ふさがりの状態でした。

4年生の始業式の日。3年から4年にそのまま同じメンバーで持ち上がる子どもたちは、担任が替わることを知り大きなショックを受けました。他教諭の名前が呼ばれた瞬間、校庭で泣き始めました。担任発表が終わって教室に行く時間になっても、誰ひとり動こうとしません。子どもなりの抵抗だったのでしょうか。45人はストライキをしたのです。

無理もないことでした。子どもたちにすれば「私らの古杉先生を取られた」という気持ちだったでしょう。当時の私は20歳過ぎの若い先生、しかも、小学生が大好きな体育の先生。休み時間は職員室に行かずいっしょに遊んでくれる。身近に感じられるお姉さん先生でした。

一方、私はといえば、5年生の担任になったのだから、5年生を教室に連れていかなくてはいけません。それなのに、子どもの前でぼろぼろ泣いていました。21歳とはいえ、大人であり、教師です。今思えば、こんな情けないことはないのですが、ほかの先輩教師から腕をぐいぐい引っ張られて5年生の教室に連れていかれました。目の前で、かつて受け持った4年生も、新しい担任に腕を引っ張られています。私は「子どもと私は引き裂かれてしまった」という被害妄想に取りつかれていました。

今思えば、当時の5年生の子どもたちに対して、なんという失礼なことをしたか。その事実に気づくまで、その後時間がかかりました。

本来、ひとりの担任が自分と子どもたちだけの世界をつくってしまう「学級王国」はデメリットばかりです。学級を外に開かないと、一個人の価値観だけで子どもを縛ってしまううえ、外からの刺激がないので担任の指導力も向上しません。

私はのちに教室を開く目的を理解し、大空では開かれた学校を目指しましたが、新任時代は王国をつくろうとするダメ教師だったのかもしれません。

ただし、自分のダメさ加減をまだ理解していなかったとはいえ、小学校教諭の面白さに気づいていました。ストライキをした子どもたちとの出会いが、私にとってかけがえのないものになりました。恐らく、心のどこかで小学校教育を軽く考えていた。そこで、がつんと打ちのめされたわけです。

最初の1年間で「本気で小学校の先生をやろう」と決意した自分がいました。受けるはずだった中学校の教員採用試験を見送り、前の年の春に購入した試験の問題集は一度も開かないまま処分しました。

こうやって波乱含みでスタートした2年目の1学期。

5年生を受け持っても、授業のやり方はまったく変わりませんでした。相変わらず、教職員の間では問題教師として扱われていました。誰ひとり私のやり方に共感してくれる同僚はおらず、学校内で孤立していました。やっていることは悪くないのに、周囲に認めてもらえないためクラスを外に開けない。ただし、その状態に耐えられたのは、周りを無視して子どもと自分だけの世界をつくっていたからとも言えます。妥協せずにハラメソッドを継続できたのです。

「みんなの学校」原型その1～学級解体

学級王国を築くダメな新任教師としてスタートした私でしたが、2年目の途中で大空小学校につながる学びを経験します。

まず一つ目は、自分だけの王国だった学級を解体したことです。

5年生を受け持った2年目に転勤してきた女性教諭、山本礼子先生が強い味方になってくださいました。

行事などで学年いっしょに組むと、山本先生は子どもにかかわる私の姿を見て「あなたは間違ってないよ。私はあなたを応援するよ」と言ってくださいました。そこで、私たちは意気投合しました。私がハラ先生の授業のこと、「流れる水の如く――」の言葉について話すと、山本先生は「今までの私の授業は間違ってたわ」と言い、ふたりでたくさん議論しました。

「学級経営ではなく、学年経営をやろう」

こうして、ほかのクラスの先生も巻き込んだのです。運動会、遠足、学習発表会、道徳、図画工作、音楽会。通常の授業も含めて、学年全員でできるケースはすべてやりました。何かやるとなれば、まずグループの結成。学級を解体して、1組から4組まで混成のメンバー分けをしました。

そして、各グループを4人の教師がそれぞれ担当します。例えば、図工指導は山本先生が得意だったので、全員を集めて先生に教えてもらう。体育は私がリードする。というように、それぞれの得意分野を5年生全員に教えるようにしました。しかも、指導していれば、自分のクラス以外の子どものことも理解できます。

対する子どもたちも、教える側に専門性と自信があるため、上達します。そのうえ、教師4人の人間性に出会えます。女性2人、男性2人、ベテランと若手も半々とバランスもうまくとれていました。

「教師全員がすべての子どもを知る」という大空での実践を、私は教職2年目で経験できました。この5年生が卒業するまでの2年間が、大空の学校運営の原型になったのです。

これはすべて、この学年の先生3人のおかげです。特に、山本先生は40代のベテランでありながら、22歳の若造に歩み寄ってくれた。懐の大きい、本質を見極めようと必死になっている教育者でした。

さらにいえば山本先生のパートナーである泰男先生も、私に貴重な学びを授けてくださいました。他校の小学校教諭だった泰男先生は水泳の指導者でした。彼の指導を見学に行くと、泳げない子を一生懸命教えていました。子どもたちの泳力の底上げをすることで、素晴らしい成績を上げていました。

一方の私は、泳げる子ばかり見つけて特訓していました。スパルタなので、大阪市内でも水泳が強くなりました。が、泰男先生に言われました。

「今はええけど、あとにつながらへんで」

ハッとしました。体育教師の高く伸びた鼻が、ポキンとへし折られました。

「成績を上げたいと思うんだったら、底辺をどんだけ底上げするかやで。本当に泳げない子を育てることが結果として、ピラミッドの頂を伸ばすんやで」

私は試行錯誤しながら、授業の改善を図りました。リズムに合わせて自分の体を動かすことで気がついたら浮くことができる、泳げない子も泳げるようになる「リズム水泳」を考案。先生の影響で、私は自分がやってきたことと真逆の方向へ、指導方法を転換できたのです。


教師人生で最初の卒業式は、大きな感動を味わいました。卒業式当日は、寂しさと緊張でずっと朝まで泣きっぱなし。一睡もせず学校へ行きました。目は腫れ上がり、開けられない状態でした。晴れの日のために母が縫ってくれた袴《はかま》と買ってくれた着物を身につけ、せっかく美しく着飾ったのに、両目が開きません。

「あんた、なんちゅう顔して……」と落胆した母の顔が忘れられません。小さいころから「泣くな」と母に教えられ、ほとんど泣いたことなどなかったのに、ひと晩涙が止まらなかったのです。

卒業式では、担任がひとりずつ名前を呼ぶと、子どもが「ハイッ」と元気よく返事をして、校長先生から卒業証書を受け取ります。そこで、私はクラスの子どもたちと約束します。「最後にふたりの時間をもとう」と。45人全員、名前を呼んだ瞬間に私の目を見ました。

それからずっと卒業式では、このアイコンタクトが習慣になりました。

1年目に保護者から「担任を替えて」「教師を辞めさせろ」と言われたのに、この卒業生を受け持ったころには評価が逆転していました。私の評価は「良い先生」に変わり、4年目も5年生の担任になりました。

かかわった子どもたちが、私の評価を変えてくれたのです。

「あの先生、評判悪いけど、子どもが喜んで学校に行ってるし」

「子どもは古杉先生大好きって言ってる。もしかしたら、周りで言われるほど悪い先生じゃないのかも」

つまり、答えを出すのは子どもなのです。

このことも、のちの大空に直結しています。

「あそこの学校、なんや騒がしいな。大丈夫やろか」

最初は不安がっていた地域の人たちも、少しずつ変わってきました。学校に実際に足を運び、子どもの姿や教職員の取り組みを見て「協力しよう」という姿勢に変化しました。

大阪弁で「親に愛想したり、地域に愛想したりせん」と言いますが、私たちは保護者や地域の人の機嫌をとることを優先順位の高いところに置きません。優先すべきは「子どもの育ち」なのです。

後日談になりますが、『みんなの学校』が上映されてから、昔の教え子たちが集まり、私を呼んでくれる機会が増えました。

山本先生たちと最初に学年運営をした子どもたちも「映画を観て、まだ生きていたのがわかった」と集まってくれました。クラスはバラバラ、1組から4組までさまざまです。

「映画観たけど、先生がやってること、おれらのときと全然変わってへんな」と言われました。「なんで?」と聞いたら、すでに50代後半になった元教え子は、少し黄ばんだ卒業アルバムを開きながら「どこにもクラス写真がないで」と見せてくれました。

「わーっ、ほんまや」

学級を解体して、学年で動いていたのでグループ写真ばかり載っています。

「一応、教室は四つに分かれてたけど、いっつもみんないっしょやったな」

懐かしそうにめくるアルバムの写真1枚1枚が、四十数年前すでにあった「みんなの学校」を伝えていました。

「みんなの学校」原型その2～学年で講堂授業

五つ目に赴任した大阪市立墨江小学校での体験が、さらに大きな転機になりました。41

歳のときのことです。教師としては、中堅クラスに差しかかっていました。墨江小2年目の1991年度は、6年生の担任でした。

1学期が始まってすぐのころ、学校の池のそばでひとりのお母さんが悲しそうな表情で立ちすくんでいました。

「どうしたんですか?」

声をかけると、お母さんは3年生と翌年入学する予定の息子ふたりの話を始めました。

兄弟はともに障がいがあり、3年生の兄は今でいう特別支援学級（当時は養護学級）に在籍していました。でも、両親は通常の学級でほかの子どもたちとともに学ばせたいという希望をもっていました。障がい児と健常児がともに学び合う教育について、渡米して学んでおられました。当時、ようやく日本でも議論され始めたころでした。

「障がい児が健常児とともに暮らすことは、大きな学びになる」

米国でそう学んだ両親は「息子の学びになるので、普通クラスにいさせてほしい」と学校に直談判しましたが、受け入れられなかったのです。

「ただいっしょにいさせてほしいだけなのに、かなえられない」と私に訴えました。

話を聞いた私は、率直に「学校はおかしい」と感じました。そこで、校長室へ行き、疑問をぶつけます。ところが、教職員のための学校であるかのような意見も出され、悪しき学校文化を見た思いがしました。

しかしながら、両親の強い訴えと教職員たちの賛同もあって、翌年入学した弟は通常の学級でみんなと学び合うことになります。その子のほかにも2名、自閉傾向があるため「支援が必要とされる」と言われた子どもたちが入学しました。

1年生の弟の担任は私。ほかは、30代の若手男性教師と50代のベテランの女性教師でした。私以外はその年に転任してきたばかり。3人とも障がい児教育に精通していませんでしたが、「みんなといっしょに学ぶには、どうすればいいか」と、常に協力し合いました。

「こんなん、絶対無理や」

新学期が始まってすぐに、3人の教師は悩みました。1年生の気になる3人の動きは、私たちの想像をはるかに超えていたからです。

ひとりの子は、教室のドアが開いていたら飛び出してしまいます。校門を出るとすぐ横に線路があるので、そのまま線路へ飛び込むかもしれない。教室では担任ひとりで見るわけなので、教室の鍵を閉めるしかありません。出られないとわかると、声を上げながら教室内を走り回るのです。

どうすればよいか、話し合った末の結論は「だったら、1年生の学年を一つのチームにして、学級を解体して授業をしよう」となりました。高松小学校で山本先生たちと実践した学年運営の手法です。そうすれば、ひとりが授業している間、ふたりがサポートに回れます。

私たちは、1年生3学級の120名ほどを講堂に集めました。講堂なら鍵を閉めておけば、安全は守れます。走り回る空間が広いので、子どもたちはストレスがたまりにくいようでした。教室のほうが狭いし、鍵をかけると監禁しているようで、教師の私たちがストレスでしたから、講堂授業への転換は、子どもにも大人にもプラスになりました。

1年生ですから、ほかの子も決して落ち着いてはいません。その姿をみんなで確認しながら、授業を進めていきました。

そうこうしてる間に、夏が過ぎ、秋が訪れました。学年ごとに行う「学習発表会」のシーズンです。

「この子たちが活きるようなことをやろう」

私たち1年生担任は、ミュージカルをやることにしました。題名は「時計屋の店」で、こんなストーリーでした。

「時計屋の店」という時計屋さんに人がいなくなったら、時計たちが動きだす。そこに猫とねずみがやってきて大げんかになる。それでも、朝になったらそれぞれの時計に戻っていく。猫もねずみもみんなそれぞれ違うけれど、お互いわかり合えれば幸せな朝を迎えられる、というものです。

曲は全部ピアノで、ミュージカルの台本がありました。

子どもたちは、ノリノリで取り組んでくれました。言葉のコミュニケーションが難しい子どもたちにも、音楽は無条件に入っていくようでした。特に、「猫が来たぞ!」とねずみが逃げ回るときは、よりアップテンポなリズムになるので、ワイワイ喜んで演じていました。

ミュージカルとはいえ、セリフはほんの少しで、あとはすべて歌です。「鳩時計のうた」「ねことねずみのうた」など、みんなで歌を歌いながら進めていくのです。10曲以上の歌を全員が覚えなくてはなりません。

目覚まし時計さんは目覚まし時計さんのグループでいっしょに覚えるので、3クラスは必然的にバラバラに解体されます。さまざまなグループがそこらじゅうに生まれ、みんなものすごく楽しそうに歌っていました。

ただ、気になる子どもたちは、声を出して歌うことが困難でした。周りの子どもたちも、歌えないと思っていました。歌う能力がないと思っていた子もいたでしょう。私たちも無理に歌わせようとはしませんでした。

ところが、歌いました。

ある日の授業で、みんなで通しで一度やってみることになりました。私がピアノを弾いて、みんなが歌い出したのですが、みんなの声のボリュームが若干小さくなりました。あまりにも驚いたため、一瞬声が止まったのです。

私の耳に飛び込んできたのは、それまで一切口を開こうとさえしなかった気になる子の歌声でした。

その子が全部の曲を歌ったのです。しかも、どの曲も3番まできちんと覚えている。音感もバッチリでした。

「えーっ、歌ってる！」

いっしょに歌うのは無理だと思い込んでいた子どもたちから、声が上がりました。いつものように、講堂を走り回りながらでしたが、見事に歌っています。

決してやさしい曲ではありません。1年生にしては高度な課題に飛びつかせてやろうと考えた学習でした。だから、子どもたちのなかには、まだ覚えていない子もいました。それなのに、その子は見事に最後まで歌い切ったのです。

それ以来、その子は変わりました。私たちがいつの間にか、その子の存在を忘れるくらい、落ち着いてそこにいられるようになったのです。

この変化は、第2章でお伝えした「この子さえいなければ」と私が思ったレイジのときと、つながります。みんなが「気になる子」の普段と異なる姿を見ることで、学校のなかの空気が変わる。すると、その子自身が変化する。その子が変わってくると、周りの子ももっと変わってくる。これこそが育ち合いです。

「できる」「できない」で分けることなく、いつもいっしょにいるから学び合える。それが、私が池のそばで出会った母親の願いそのものだったと思います。

「うちの子、ほっといてくれたらいいねん。周りの子の姿から、いくらでも学べるねん」

お母さんは、私たちに常々そう訴えていた気がします。

大人がその子の可能性を知らないのに、可能性がないと決めつけてしまっている。厳しい言い方をすれば、それは犯罪に近い行為ではないかと思うときさえあります。自閉とか、障がいといった「くくり」の名前で呼ばれ、ほかの子とは違うとされる「枠」に入れられてはいないでしょうか。


「見た?」「見た?」「見た?」

このときの私たちは、完全に同志でした。不安な気持ちでスタートした1年生でしたが、自分たちのやっていることは間違っていなかった。そう思うことができました。逆境に負けずに、子どもから答えを教えてもらったのですから。

秋の学習発表会本番の日。その子は見事に舞台の上で歌いました。すると、その姿を見たほかの保護者は「すごいやん!　聞いてる話とちゃうやんか」と感心しきりでした。

この成果は、「こういうやり方でやりなさい」と誰かに教えられて、達成したものではありません。

「これでは無理だから、こうしようか?」と出てきたのが、学級解体、学年運営、そして講堂授業だったのです。

秋の学習発表会が終わったころから、いつの間にか、通常の教室での授業が成立していました。

「気になる子」が私に教えてくれたすべてが、私の教師としての原点なのです。

母の教え

教師になったのは、母の影響が大きかったかもしれません。私は同世代では珍しいひとりっ子でしたが、決して裕福な家ではありませんでした。何か欲しがっても、一切買ってもらえませんでした。例えば、友だちの家に行ったらオルガンがあった。子どもですから「欲しいな」とねだってみる。うちにはテレビもなかったので、無理だろうなと思いつつも一応「買って、買って」と。そういうときは決まって母は言いました。

「目に見えるもんは、どろぼうさんが入ったら取られるで。でも、あんたのなかに貯め込んだもんは、誰からも取られへん」

「物」だと盗まれることがある。けれども、努力して自分のなかに入れたものは誰が来ても取られない。そんな意味でした。この話は大空小学校の子どもたちにも話したことがあります。

　自分の親ながら良い言葉だなと今は思いますが、子どものころは買わない言い訳だとずっと思っていました。そのときは大事なことだとわからなかったのに、ずっと自分のなかに存在していて、自分が教師になってから、ふと気づけば子どもに伝えている。そんな言葉がいくつかありました。

「自分のなかに大事なことを貯めるには、いっぱい勉強をすることやで。そうしたら、世の中ひとりでも生きていける」

「上向いて唾吐いたら、自分の顔にかかるやろ」

　大正生まれの母は、まっとうな教育を受けられませんでした。中学校に行く人でさえ稀な時代だったようです。だからせめて、自分の子にはちゃんと教育を受けさせたいという思いが強かったのでしょう。「勉強しいや、勉強しいや」といつも言ってました。そのせいで、私は勉強しない子になったのかもしれませんが。

　母は20歳で明治生まれの父と結婚しましたが、13年間子宝に恵まれませんでした。当時は20歳くらいで子どもを産む時代でしたから、女性としてつらい思いもしたでしょう。「石切さん（石切神社）に行ってお地蔵さんに手作りのよだれかけをかけたら、子どもが授かる」という話を聞いて、通ったようです。そうしたら私を授かったという話を聞きました。

夫婦で戦争を生き抜きました。戦時中、父は大阪の森ノ宮にあった軍需工場で働いていました。それで兵役を免除されたと聞いています。ふたりが住んでいた家の裏の空き地にドラム缶があって、そのドラム缶から「オギャー、オギャー」と赤ちゃんの泣き声が聞こえてきた。見れば、赤ん坊が捨てられている。これは授かりものだと家に連れて帰ったのですが、次の日の朝亡くなったそうです。母乳もあげられなかったでしょうし、大変だったと思います。

私は、大阪市東成区緑橋で育ちました。父は鉄工所で働き、母はパートで働いていました。お寺の本堂みたいなところに持ち込まれた背広や洋服の仕分け作業をしていました。

それがお昼すぎくらいから夜まで続くので、私は母がいない日は学校から帰ってきたら、ひとりで夕飯を食べて寝る。小学校の間はそんな生活でした。ひとりで着替えてひとりでご飯食べて、ひとりで戸締まりして寝る。銭湯もひとりで行きました。

夕飯は母が作り置きしたもののときもあれば、作れなかったらお金が置いてある。近所のお好み焼き屋さんに「娘が来たら、お野菜いっぱい入れたお好み（焼き）食べさせてやって」と。お店に行くようにと、ちゃぶ台にメモが置かれてました。

平成の時代の今、そんな子どもを見たら、みなさん「親は何をしてるんだ」と怒ったり、子どもがかわいそうと同情したりすると思うのですが、そうしないと生きていけない時代でした。

それに、その清貧の生活が決して不幸でもない。そのあたりは、母の言う「目に見えないものを大事にしたい」という考え方や、私が教師として、同じような背景の家庭の子と向き合う姿勢にもつながっているかもしれません。

自立した小学生でした。「お母さん、家におって、いっしょにごはん食べて」と頼んでも、母が困るだけだとなんとなく感じていました。やせ我慢とかでもなく「これが私の生活だ」と認識していた。共働きの親を恨むわけでもなく、淡々と生活をしていました。

母は、私が泣くことを大変いやがりました。けがをしたり、友だちとけんかしたりするなど何かいやなことがあって泣いて帰ると、すごく怒られました。「人前で泣くものではない」ということだったと記憶しています。「泣いて解決するか?」と、何度言われたかわかりません。そこは厳しい母でした。

「お母さーん」と泣きながら母親の胸に飛び込む友だちがうらやましくてたまりませんでした。逆に私には、家に帰る前に涙を止める時間が必要でした。

学校から古い借家の我が家に帰る途中にうどん屋さんがあり、その店の角を曲がって3軒目が我が家でした。私はうどん屋さんの角まではしくしく泣いていても、その角を曲がる瞬間、背筋を伸ばし自分をしゃきっとさせました。涙をぬぐい「ただいまァ」と何事もなかった顔をして玄関に立っていました。

子どものころはいじめられることもいっぱいありましたし、お転婆でしたから大けがもしました。空き地で鬼ごっこをしているときに派手に転んで、膝に裂傷を負ったことがあります。白い骨が見えるくらいの大けがでしたが、泣いて帰ると叱られる。奥歯をぐっと噛みしめ、大いなるやせ我慢をして帰宅したら、だらだらと流れていた血に気づいた母が大きく目を見開いて叫ぶように言いました。

「それ、どうしたん!?」

母の声に驚きながら、「こけた」と答えたら、「こんなけがしたら、大きな声で泣いて人を呼びなさい！」と怒られました。子ども心に「お母ちゃん、勝手なこと言ってる」と思いました。母のなかには「きょうだいもいないひとりっ子だから、この子が困らないように育てたい。甘やかさないようにしなければ」という強い思いがあったと思います。その思いを一身に受けて、非常に我慢強い子どもに育ちました。

それくらい厳しかったのに、他方では私への惜しみない愛情を見せることもありました。

小学校4年生くらいのとき、授業中いきなり職員室に呼び出されたことがありました。「お母さんが待ってるから行っておいで」と。何事かと思い心配してついていくと、母がいる。母が盲腸で入院する日でした。「今から病院に行くから」と、手術する前にひとり娘の顔を見に来たのでした。今から50年以上前の話なので、当時は盲腸とはいえ、母にすれば「もしかしたら死んでしまうかもしれない」と、不安だったのかもしれません。今生《こんじょう》の別れでもあるかのように、私をじっと見つめていました。

当時は「お母ちゃん、学校に何しに来てんの」と照れくささでいっぱいでした。が、そんな思い出も、自分が親になってようやく理解できるものです。

若いころの母のことは、自分が子どもを産んでからよく思い出しました。自分が教師になり、学校でお母さんたちと接していると、パッと母の顔が浮かんでくる。子育てに悩むお母さんの相談に乗りながら、母の思い出話をすることもありました。母親たちがすると、お母さんたちは「もう一回、頑張るわ」とよく言ってくれました。特別な才能も学気持ちを新たにする姿を見て、母のおかげだといつも感謝していました。歴も、何もない母でしたが、全身全霊で自分の子どもを育ててくれた。そんな母でした。

母の教えというか、母から学んだものも私の原点の一つです。

「目に見えるもんは、どろぼうさんが入ったら取られるで」

大空小学校で1年に一度、自分の生まれた月にみんなの前で自分の考えを伝える「バースデー・メッセージ集会」でもこの話をしました。そのときに、私を長年知る同僚が「木村先生の、そういうめっちゃ真理をついた話はどこから来るのん?」と聞いたことがあります。ほかにもそんな質問を受けたことがありましたが、自分でもはっきりわかりません。言葉では言い表せませんが、自分のなかには確実に母に教わったものがある。目に見えない確かな愛がいつもあることを感じています。

母から「教師になれ」と直接言われた記憶はありませんが、ひとり娘の私に寄せる母の期待や希望を感じていた気がします。教職に就いて、親戚の人から「お母さんが喜んでたよ」とも聞きました。

母は、82歳で亡くなりました。亡くしてみて、初めて自分にとって母がいかにかけがえのない存在だったかを思い知りました。「何があっても自分には自分を大事に育ててくれた母がいる」と思える。私にとって、それは何にも代えられない大きな支えでした。

私が母から片時も離れないので、私のふたりの娘や夫は驚いていました。どちらかといえば、周りに気を使うタイプですが、母を亡くして見送るまでの数日間は弔問の方にあいさつ一つできませんでした。同僚たちからは「あんな木村先生を見たんは初めてや」と言われました。柩《ひつぎ》の蓋をするときは、泣き続け、離れられませんでした。

第4章
教師は学びの専門家

校長の失敗

開校当初、月曜日の朝会で私は、子どもたちに話をしていました。話したいテーマに合う本を探したり、新聞を読んだり勉強して、子どもにとって大事な話はなんだろう。それを伝えようと意欲満々でした。四季折々の話などをするつもりはありませんでしたが、講話をして校長の役目を果たさなくては、と思い込んでいました。

２年目の夏休み前。とても暑い日でした。

朝会で私が一生懸命話をしていたら、ひとりの２年生の男児がガバッとシャツを脱ぎ捨てました。

「校長先生、おしまい！」

子どもたちがザワザワするなか、続けてもう一撃。

「暑い！　お話、終わり」

上半身真っ裸になって、さらにダメ押し。

「お風呂に入りたい」

自分は子どもの心を動かす話をしている。「良い話」をしているつもりです。それなのに「お風呂に入りたい」――私は心のなかで（えーっ！）と叫び、打ちのめされました。

「終わり！」は、話を終わってよ、という意味です。

子どもたちは一斉に哀れむような顔で私を見ました。（校長先生、かわいそう）という目をしています。一方で、みんなの顔がうれしそうにも見えました。

私はショックを受けましたが、無理もありません。なぜなら、子どもたち全員の（校長先生、話やめてくれたらええのに）という気持ちを、その子が代弁してくれたのですから。

そこで「了解。話、終わり」と言えばよかったのでしょう。が、未熟な私は自分の独りよがりに気づかず「もうちょっとだけ聞いて」と両手を合わせ、その子に拝むようにお願いしました。

すると、もう仕方ないな、という感じで手首をゆらゆらさせて「もうちょっとやで」と言ってくれたのです。

ところが、それまで私の話を聞いてくれていると思っていたほかの子たちは（えーっ、まだ話をするの？）といった表情です。

「やめたほうがよさそうやな？」

私もさすがに意気消沈し、職員に尋ねたら全員うなずくのでした。

話をやめさせたその子は、大空が開校した1年目は保育園の年長組でした。翌年入学してくるというので、同僚と保育園へ足を運び丸一日ずっと様子を見るなどして、就学の準備をしました。言葉が出にくい状態で、保育園のみんなといっしょに過ごすなか、たった一つ「イヤ」のひと言だけ覚えたそうです。

でも、みんなのなかで聞くみんなの声は、全部彼のなかに入っていくのです。

別の部屋で自分の名前を書かせる訓練も必要なのかもしれないけれど、友だちの動きや声があの子の教材ではないか。教職員で相談して悩みつつでしたが、みんなと同じ教室で学習しました。当初は「この子に何ができる?」と担任は悩みましたが、私は言いました。

「何もせんでいい。教室にいてるだけでいい。校長命令や」

のちに職員室で、ベテランの同僚たちにいじられました。

「校長命令言うたときは、自分がすべての責任もつんやって決めてるときや。そういうときだけエラそうに言うねん。なんにも教材つくらんでいいし、なんもせんでいい。あの子が教室におるだけでいいってハッタリで言ってたよ。けど、あのハッタリは当たりやったな」

大人の空気が読める子ばかりが私たちの話を聞いてたら、その話が本当にOKなのか、失敗なのか、気づきません。話がつまらなくても、空気をつぶしたらいけないとか。もっと気をつかってくれる子どもになると、「校長先生を傷つけたらあかん」となります。

反対に、もし、面白くないからと「こんな話聞いてられへん」と講堂の外へ出ていった子がいたとします。私たちには「そうやろうな」と理解できても、子どもはほかでやれば怒られてしまう。だから「面白くなかったことは間違ってない。でも、とった行動はどうか。違う行動とりや」とわからせる必要がある。そうすれば、子どもは納得します。

それなのに、校長の話を面白くないと言ってはいけません、みたいな雰囲気にして、「あの態度はなんだ！」と叱ると、子どもは大人を信用できなくなる可能性があります。

あの日、「校長先生、お話、終わり！」と言ってくれたことから、私はとても大切なことを学びました。

あの子たちを学びの場から排除してはいけない。あの子たちがいるからこそ、学び合えるものがある。本当に思ったことを言える子、「空気読めよ」と言われる子は、「暑い」と言ったあの子のように、ある意味、学びのリーダーです。

もし、あそこに「ちょっと黙りなさい」という先生がいて、あの子のそばに誰か先生がついていたら、私のつまらない話はあと10分くらい続いたでしょう。先生が付き添えば、あの子も座っていられます。でも、それが彼の本当の力になるかはわかりません。大空では、誰ひとり、彼についていなかった。だから、彼は「イヤ」以外に覚えた言葉を、あれだけたくさん表現したのです。

彼は、大空小学校を変えました。

あのとき、私が子どもの反応を見ながらしゃべっていたら、「あ、やめとこうね」となったかもしれない。

朝会のあと、いろいろな子に尋ねました。

「あのとき、あの子、校長先生、終わり、言うてたけど、あんたらも同じこと思った？」

すると、全員が「うん」とか「ふふふ、まあね」と答えました。「思わなかった」と答えた子は、誰もいませんでした。

そのときの教職員の様子はというと、あの子が上半身裸になったとき、職員は3種類のオーラを出していました。

「早くやめたほうが……」

「あの子、すごいな」

「校長先生、かわいそう」

ベテランの同僚は、呆れた顔で「はよ、やめたほうが……」という顔をしています。誰ひとり「校長先生、頑張って！」という教職員はいませんでした。

「ほんま、みんなひどいわ」と職員室で笑い合いました。そして、自分の校長講話は失敗だったこと、子どもたちは全員あの子と同じ気持ちだったこと、良い学びになったことを伝えました。まさに「目的と手段を混同してはいけない」ことを、確信した日でもありました。

この日から、私は校長として何か話をする際に準備することを一切やめました。以来、入学式も卒業式も台本はもちろん、メモもつくりません。

「毎日毎日、目の前の子どもを見ていたら、必要な話は自分のなかから出てくる、湧き上がってくるはず」

そう思いました。言い換えれば、子どもを見ることができていなければ、何も話せない自分がいるということです。「見よう」と思っただけで、どんどん話したいことは出てきました。

子どもがふたり以上集まると、当然いじめだったり、困ったりすることがあります。毎日の学校生活には、地域のなかから聞く話を含め、学校の日常は教材の宝庫でした。

こうして、月曜日の校長講話は、全校道徳に変身したのです。

「校長先生、お話、終わり」

彼のあのひと言がなかったら、大空の根幹をつくった全校道徳は成立していなかったかもしれません。

変わっていく教師たち

映画『みんなの学校』のなかで、ひとりの女性教師がこう発言するシーンがあります。

「私も大空に来たてのころは、なんでみんなでやらなあかんねんって、思うとったよ。いつも、チームでやろう、みんなでって言われて、何がチームやねん！　って思ってた」

新しく替わってきた先生たちはみんな、戸惑います。大空には「先生の言うことを聞くのは当然」といった錦の御旗がありません。慣れるのに時間がかかります。

しかも、その先生が有能であればあるほど、まず教室に閉じこもります。小学校の先生は学級がいわば自分の城ですから、放課後も自分の教室で仕事をする人がたくさんいます。

ところが、大空はみんな職員室にいる。教室でテストの採点や翌日の準備などをして職員室に戻ると、なんとなく疎外感を感じる。誰ひとりその先生を疎外していないのですが、感じるものです。

「仕事するんやったら、職員室でしたほうがいいよ」

相手が若手なら、誰かしらがそんなふうに声をかけます。大空の職員室は、若手が困っていたり、つぶやいたりしたときに、ベテランがそっとアドバイスをしたり、時にはグサッと指摘したりなど、いつも子どもの話で盛り上がっています。

「自分が言ったら傷つくかも」と思うときは私に相談に来ます。そんなときは、私が「どうしてる？」と尋ねたりします。隣の同僚に言われるのと、校長に言われるのとでは、受け取り方が違ってくるから。もちろん信頼関係ができたら、お互いに高め合えるようになります。

今まで自分はよくできる先生だった。保護者の信頼も厚い。「この先生に担任してもらいたい！」と言われた。ところが、大空に来たら、ひとりで仕事をしないでくださいと言われる。「どうして相談しないでやるの？」と言われると、有能ゆえにプライドが傷つく。「みんなで見よう」と言われるので、（私のクラスなのに）と自分の存在感が薄まる気がして不安になる。優秀だと思っていた自分が、信じてもらえない。それは、この学校がおかしいからだ。私は今までのやり方で十分評価されてきたのに――そんな思いを抱えてしまうのかもしれません。

また、前の学校では「あなたのクラスの子なのだから、責任を取るのがあなたの仕事です」とか「自分のクラスは自分で」と言われ続けているはずです。

大空に1年以上いれば、どんなかかわりが大事なのかを自分の身をもって感じます。大空の誰もが、子どもの前で自分の教師としての力のなさをいやというほど思い知る。そんな体験をしているからこそ、（去年の自分や）とみんな思うのです。

「あれ、あかんな。でも、最初はわからんもんな」と過去の自分を見るような目で、温かく見られる。

相手が若手ならみんなすぐ先輩風を吹かせてかかわれるのですが、ベテランだと自尊心を傷つけるのではないかと慎重になります。そうなったら、誰が言う？　みたいな相談を陰口ではなく善意でやる。中堅以上は自分も通った道なので、手に取るように気持ちがわかるため、決して孤立させるような空気はつくりません。

そこで登場するのが、ベテランの教職員です。ところが、先輩のアドバイスを聞いても、すぐには納得できません。

何しろ、大空のやり方なんて、どこにもない。目で読んで理解できるマニュアルはどこを探してもありません。言い換えると、マニュアルがないのが大空小学校の特徴です。

だからこそ、ストンと落ちるまで時間がかかります。そんなときは（こんな学校転勤しよう）と思う。（こんなん間違ってる）と大空を否定するのです。

（こんな学校、辞めるわ）

ところが、辞めたると一時は決意した先生が、春夏秋冬1年を終えた新年度の5月には、異動してきた教職員にこんなことを話します。

「みなさん、恐らく1年目は、こんな学校すぐ辞めたろと思います。私も去年はそうでした。こんなけったいな学校に、私おられへん、そう思いますから。でも、1年経ったら変わります」

それを聞く周りの教職員は、拍手拍手です。そういうことの繰り返しで「みんなの学校」は、大人の育つ学校としても継続されています。

「新しい先生が来られたら大変でしょう。校長として、どう指導されているのですか？」

見学に来られた教育関係の方に、よく聞かれました。私の指導など、ほんのひとかけら。新しい先生は、周りの先生たちに影響されながら変わっていきます。友だちの刺激を受けて成長する子どもと同じです。

若手の男性教師にはビシッと叱ったとしても、ベテラン教師に同じやり方は通用しません。その人自身、それまでしっかり子どもと向き合ってきたなら、必ず大空に適応します。それに、実は教師の誰もが気づいているのです。何が子どもにとって一番なのかということを。だから、悩むのです。

気づいている人に強く言う必要はありません。目の前の人に変わってもらいたい。心からそう思うのであれば、自分を変えるしかないのです。土俵が、固まれば固まるほど、校長の出番はぐんと減っていきます。

「みんなでやる」は責任を薄めない

加えて、異動してきた先生が戸惑いを見せるのは、校長室での「やり直し」です。「自分がされていやなことは、人にしない、言わない」という大空小学校の「たった一つの約束」を破った子どもが、自らやり直しに校長室に来るときです。

子どもだけ来ればよいのですが、1年目の先生たちはいっしょについてきます。私は子どもの目を見て、いつものように尋ねます。

「なんで来たん?」

すると、担任は子どもに言わせずに、一生懸命説明を始めます。ひとしきり聞いた私が「先生、なんでおるん?」と質問すると「えっ、私ですか? だって、うちの組の子やから」と慌てます。「それ、変ちゃう? この子、うちの〝学校の〟子やし」と私が揚げ足を取ると、さらに困った顔になります。

「じゃあ私は?」と言っても、私は「邪魔です」とストレートに言うので、途方にくれます。

「担任の先生、いらんやんな？　ひとりでやり直しできるもんな。でも、先生、心配してくれてるから、あとでありがとう言うときや」

子どもに対して私がフォローすると、多くは「ひとりでやらせなくてはいけないこと」だとじわじわと理解するようです。

そこで活躍するのが、その先生を「1年目の自分」として見守る周りの職員たちです。かつて自分も同じように校長室でうろたえていたので、「僕も去年、同じことで怒られたんです」と上手に支えてくれます。ひとりやふたりでなく、複数人で入れ替わり立ち替わり寄ってくれます。

「やり直しをしたら、校長先生にいちいち決裁してもらうのか？」

これもなかなか紙一重の部分です。たった一つの約束を破ったら、担任の自分が指導する。それでよいではないか。どうして校長先生にまで報告しないといけないのか？

そのような疑問が透けて見えるとき、その担任に問いかけます。

「目の前のこの子のやり直しが、１００％できたと確信をもてる自分がいますか？」

例えば、私が授業しているなかで、たった一つの約束を破った行為に気づく。そこで指導する。子どもが二度とやりませんと反省したとしても、それで十分だと言える自信は私にはありません。どんなに力のある教師でも、ひとりで子どもの心の奥深くまで行き着くのは不可能だと説明します。私は我が家の自分の子どもも、納得のいくように育てられないのにと思っています。

子どもは、「やり直しに来ました」と校長室に行って、私がいなければ校長室を通ってそのまま職員室へ抜けます。職員室にいる大人をつかまえて、やり直しをします。

私は、先生に行くように言われて来た子には「巻き戻し！」と言って、教室に返します。自分から自分らしく、やり直しの部屋に来るのを待ちます。

職員室では、やり直しの甘い先生に当たることもあります。その甘さは手を抜くとかではなく、そこまで子どものことがまだ見えていないケース。そんなときは、大人も「まだまだ子どものことが見られていない。修行し直します」と、「やり直し」をしています。子どもはそんな大人のやり直しの姿をじっと見つめています。

みんなが、子どものことはまずこの人に聞けばと駆け込んでいく養護教諭が言った言葉です。

「みんなでやるってことは、決して個々の教師の責任を薄めるわけではない」

教職員全員で子どもを見ていくということは、責任を分散させたり、個々の負担を軽くしたりするのではない。「その子の良いところをみんなが知れば、みんなでほめてやることができる」ことを、彼女は自分の実感として伝えています。彼女の域まで理解していなくても、毎日を過ごすなかで周りのみんなも体で感じ、体でわかっていくのです。

彼女が理解できるのは、毎日のように変化する子どもの姿を見ようとしているからです。そんな彼女の姿を、私も含め、彼女の周りのみんなが学び、自分のものにしていくのです。

6年生になったら、すべての6年生が大空のリーダーになります。これが大空の伝統。どんな個性の子どももすべて大空のリーダー。1年に3回みんなでつくるコンサートでは、全員が実行委員を務めます。うまくこなせそうな子をピックアップするやり方ではありません。

そこには、リーダーの三つの条件があります。

「先生に頼らない」「しんどい仕事は自分がやる」「行動で示す」

この年齢は、前思春期と呼ばれ、反抗期に入ったり難しいシーズンを迎えます。なんらかの理由で過度に抑圧されたりすると、非行に走る場合もありえるのに、大空は違います。4年生でどれだけ心配されても、5年生で学級が荒れていても、6年生になったら全員見事にリーダーになります。大空のリーダーとして、1年生から5年生の後輩たちに憧れの気持ちをもたれる存在になるのです。


「新しい先生が来はったら大変でしょう？　反発されて大変でしょう？　このやり方続けていくの、大変でしょう」

見学に来られた教育関係の方に、大変でしょう、大変でしょうとしょっちゅう聞かれるので「私ら、そんなにしんどそうに見えるんかなァ？」と、職員室で雑談します。「世間でいう大変と、大空の大変は違うのかな」とも話します。

でも、大変でない仕事に、やりがいがあるでしょうか。

手元に9冊の大学ノートが残っています。子どもの姿や、頭に思い浮かんだ言葉を記したものです。大空小学校に通い続けた9年間、多くは通勤電車のなかで書いています。

そこに書き留めた言葉です。

「大変」とは、大きく変わるとき。

これは、先輩校長が私に伝えてくれたものです。私たちはいつも悩みながら、当たり前のことを当たり前にやっている学校です。これで良いと思った日は、1日もありません。

学びの場は人と人が対等

お伝えしたように、大空の教職員のなかでは、私が一番失敗が多かったと思います。失言はする。早とちりはする。若手を叱りとばす。しかも、大人げない。気づいたら、考える前に手足が動く。1年生にまじまじと顔を見られ「バアサン」と言われ、本気で腹が立って、その子に蹴られた椅子を蹴り返したこともあります。ベテランの同僚から「校長先生、どんだけ子どもやねん」と呆れられることも常でした。

そんな私が、唯一教師として背中を見せられたとしたら、けんかの仲裁かもしれません。集団でともに学び合うなかで必ず起きるのは、けんかです。よく大人が仲裁に入り「どっちが悪いか」を意見する場面を見ますが、私は絶対に正・悪を決めない。ジャッジをしません。唯一大人がサポートできる部分は、この子の気持ちと、そっちの子の気持ちを「通訳」するだけです。

「なんで怒ってるん?」

「そのとき、どう思ったん?」

「なんでそう言ったん?」

一貫して、子どもと子どもの通訳に徹します。そうすることで、子ども同士が相手の気持ちが理解できるようになる。そうなるよう、私たち大人が通訳する。それが、学び合いのなかでの、教師の役割です。

例えば、聴こえない、見えないといった自分にない違いをもっている友だちのことが理解できないとき。「自分やったらこうするのに」という発想でしか、相手のことを見られない。対するその相手は、困っている。困っているけど、困っていることがうまく表現できないので、それがときにわがままな態度に見えてしまう。泣いてみたり、怒ってみたり、暴力をふるってみたり。

きっかけは、いつも些細なこと。ボールの取り合い、「黒板消したらあかんのに消した!」といったことです。そこからもつれにもつれた紐を、ほどいていく。その通訳は、大人の仕事です。

「ああ、そうなんや。そんな思うてたって知らんかった。ごめんな」

「いいよ。私も悪かったから」

びっくりするくらい、お互いがお互いのことを気づかうようになります。素直になります。子どもは純真なので、理解さえすればパッと変われます。例えば「この子は障がいがあるから、あなたが我慢してあげなさい」というジャッジを大人がしたら、どんなことになるでしょうか。

教師になくてはならない力は、子どもの話を聴く力。授業を上手に教える力ではないと思います。それなのに、ジャッジばかりして通訳しないと、子どもたちまでジャッジばかりするようになります。

大人のつくる空気を、子どもはいつも吸っているのですから。

詳しくお話しすると、子どもが本当のことを言う相手は「好きな人」です。子どもたちの「好き」は、大人に対する「信頼」です。信頼している相手は、管理作業員でも、地域のおばちゃんでも、校長でも、親でも、誰かがその役を引き受ければいい。

学校では、友だちの物を隠したとか、そんなことは日常茶飯事です。周りの状況から見たら（あの子かな）と想像はつくのですが、なかなか素直に言えない。大空では、担任がひとりで抱え込まないのが原則なので、その子にとって一番望ましい方法を選択します。

子どもが校長室へ送られてくることもよくあります。

校長室では、みんな安心して本当のことを話します。もしかすると（校長先生からは逃れられない）と思っているのかもしれません。学校の窓口にいる私はいろんな子の情報を多方面から確実にキャッチしていることを、子どもは感づいているのかもしれません。

「なんで校長の前で本当のこと言って、私らの前では嘘つくんやろう」

一般的には、担任を差しおいて校長に、と悪口に変わるものですが、大空では一切ありません。その子にとって一番良い手段を取ることが、共有されているからです。

「なんで言わなかったの？　なんで校長先生の前やったら言うの？」

子どもの前で問う先生もいますが、そんなとき私は「そんなん言われてもなァ。安心したら、言えるやんな？」と言ってしまうので、先生たちは意気消沈します。「それ言われたら、なァ。ごめんな」と子どもに声をかけています。

こんな大空の教職員は、私の一番の自慢でした。大空は大人が育つ学校です。昨今の教育現場では、休職、退職する教師が増えていると聞きますが、大空はみんなで笑って一日を過ごします。前の学校で精神的にしんどかった人もいましたが、「無理せんとき」と声をかけている間に完全復活していました。

「大空は、答えが一つじゃないし、ひとりで（子どもを）見なくていいから楽」と言います。ひとりではないので、厳しい状況のときも常に前向きに考えられる。大人も子どももと同じで、安心できる場所にいるから力を出し切れる。ちょっと変われたという自分を、発見できます。

教師は全員、子どもに対しての「責務」があります。しかし、「責任」があるのは校長だけです。教職員には一切責任はないのです。

教職員と校長の違いは「責任」があるところだけです。

さらにいえば、学校の中で職種の違いがあっても、子どもの前の大人はすべて対等です。対等でない場所に、学びは成立しません。

校長が動ける理由

私が大空で最後に見送った卒業生のある男の子が、校長室にふらりと入ってきました。卒業式前日だったでしょうか。

「校長先生、おれ、もう中学行くんやんなァ」と、なにやら感慨深げです。「ほんまやなァ」と相づちを打つと、かしこまって言いました。

「おれさ、おれさ、中学に行ったら、たぶんものすごくおとなしくしてると思う」

私「おとなしくしてるって、どういうこと?」
男の子「おれ、小学校で、めちゃくちゃやってたやろ」
私「まあな。普通では、なかったわな(笑)」
男の子「おれ、中学行ったら、おとなしくするねん。小学校でこんだけ思う存分したら、もうええわ」
私「そうなん?」
男の子「中学校は、そんなにわかってもらわれへんからな。おれ、おとなしくしてるわ」
私「そんなん、あんた、できるん?」
男の子「小学校で、こんだけ自分出したら、中学では普通にできると思う」
私は(ああ、子どもは、全部わかってんねん)と思いました。
自分が大空でめちゃくちゃやっていたこと。でも、それを、大空の大人は「空気つぶすな」と怒るのではなく、「何か困ってんの?」とかかわってきたこと。
彼のことを同僚に話したら「逆に言うたら、わかってもらえたから、これからは大丈夫やって、校長先生に言いたかったのかもね」と言われました。
大空では、例えば「これ、やろう」と言ったとき、「おれ、いやや」と言う子がいれば、教師は「なんでいやなんやろな」と考える。教師である自分がやろうとしていたことは、「ここが足らんかったかな」と同僚につぶやく。すると、誰かのアドバイスがあり、いややと言った子どもだけではなく、周りの子どもたちにとっても、その学びはより広がり、深いものになる。

そんな大人同士が学び合う姿が、学校のそこここで見られました。「子どもが学ぶ・子ども同士が学び合う・大人が学ぶ・大人同士が学び合う・子どもと大人が学び合う」。このキーワードは、常に大空で大切にしてきました。学校は、人と人が対等に学び合う、学びの場なのです。

大空の教職員は、「あの子はこういう子やと、大人がわかったつもりになったらあかん。決めつけたらあかん」と、常に自浄作用を高め合っていました。私たちが、わかったつもりになったら、その子の心のなかや背景を見ようとしなくなるからです。子どものことはわからないものだと、自覚しています。

ですから、大人の上から目線の指導は、大空の子どもには通用しません。

開校以来、「子どもが学ぶ・子ども同士が学び合う」授業を普段の授業を通し、研修し合ってきました。いつもみんなで「私たちの授業ってへたやなあ」って言うのですが、なかでも、授業の終わりには、つい、「わかりましたか？」と言いたくなる。「わかりましたか」と言うと、子どもは必ず、セリフのように「はい」と言ってくれます。この「はい」の言葉に安心して、授業を終える私たちがいます。

しかし、子どもは「はい」と言わなかったら、この授業や説教が長くなることを知っています。そこで、「わかりましたか」を禁句にしようと決めました。子どもに向き合うとき、大人はどうしても最後の「留めの何か」を言いたくなります。そして、留めの言葉は、どうしても上から目線で説教くさくなるので、学びの場にはつながりません。

言わないと決めたのはよいのですが、授業の終わりに「わかりましたか」で終われないもどかしさで、どこか落ち着かない。やっぱり、何か授業を振り返る教師の言葉がほしいということになり、「わからないところはどこですか?」という問いかけをしようということになりました。

「わかりましたか?」と「わからないところはどこですか?」は、子どもにとって、問われている中身がまったく違います。

このひと言を変えるだけでも、授業の空気は大きく変わります。例えば、「〇〇しないと、××になる」と不安をあおることで、子どもの奮起を促したいときもあるかもしれませんが、そのやりとりのなかに、学び合う子どもの姿や進歩があるとは思えないのです。

子どもには子どもの考えていることがあります。ただ、大人に比べて表現力が未熟です。

大人が先に考えを出してしまったら、子どもは言わなくなります。だから、まず、問いかけることを心がけています。

「どうしたん?」

大人に「どうしたん?」と聞かれると、どこか子どもは安心します。自分のことや気持ちをわかろうとしてくれている空気を感じるのでしょう。

「安心」は、大空にとって、一つのキーワードです。授業がうまい、へたではなく、子どもが安心して学び合える空気をつくっているかを常に、互いに大切にし合っています。

子どもも大人も、安心できる空気のなかでは、ありのままの自分を出せるはず。そこは、年齢に関係なく同じだと思うのです。例えば、校長だった私が、あれだけ学校のなかで好き放題動けたのはなぜか。それは、私が安心しているからです。

私は教師という仕事が大好きです。子どもとともに学び合っている時間が、最高に幸せです。校長になっても授業は続けました。安心して好き放題動きました。

友人の校長先生たちに「あんたが、うらやましいわ」とよく言われました。「なんでそんなふうに、授業したり、自由に動けるん?」と。

「動いたらええやん」と言うと「動かれへんねん」と言われます。「なんで動かれへん?」

と問えば、「うまいことといけへんかったら、あとがない。そう考えたら動けない」

私も自信などありません。でも、自分が失敗しても、誰かがなんとかしてくれるという教職員への大きな信頼がありました。校長の私が動けるということは、教職員はもっと動いているということなのです。

教職員には常々「このままでいいとか、(この状態を)守らなければとか考えたらあかん」と言ってきました。「守りに入ったら、1日でつぶれるで」と。いろいろなことが、起きて当たり前。「目の前の子どもたちを、とにかく丁寧に、丁寧に、みんなで見ていこう」。そう言い合ってきました。

目の前の子が今、何に困っているのか、今日一番困っているのは？　ということを毎日、毎日大切にしてきました。困っている子は、ほうっておいたら集団のなかに入ってこられません。1日学校に来なかったら、次の日、来にくくなる。1週間来なかったら、もうずっと来られなくなってしまう。

さらに、大空では「その日のことは、その日に」といった、言葉にはならない暗黙のルールのようなものがありました。その日に解決しないと、翌日は、みんなで学びを楽しめないからです。

「気づいたときに、気づいた人が動く」

それが大空のモットーでした。

映画『みんなの学校』の上映会に呼ばれることがあり、これまで数回スクリーンを通して、学校のなかにいる自分の姿を観ました。実は、写真に撮られることさえも大の苦手です。そんな自分が、映像で自分の姿を観ることになるとは思ってもいませんでした。だから、退職するまでは映画も観ていませんでした。とてもいやでした。ところが、ようやく冷静に客観的に観られるようになってくると、大空のなかで、私が一番安心して動いてるんだと感じるようになりました。スクリーンのなかの私は見るからに楽しそうです。大空での9年間が本当に楽しかったことを、物語っているとも思いました。こんなに安心して「教師」ができる自分は幸せ者だったと、みんなにどれだけ感謝してもしきれません。

大空では、すべての教員が自らの授業を開いています。若い教師もベテランの教師もどんどん自分の授業をオープンにします。互いの授業を学び合える学びの宝庫です。大人が学び合う姿を、子どもは当たり前の空気として存分に吸っています。

つまり、大人同士が安心し合える場では、子ども同士も安心できる。大人が助け合う姿は、子どもも大好きです。大人が学び合う姿が、子どもの学ぶ意欲を大きく高めます。自分をほんの少し変えれば、子どもは大きく変わることを大空の子どもたちが教えてくれました。

振り返れば、自分が計画通りうまくいったと思う授業より、失敗だったと思う授業のほうが、子ども同士がよく学べていることが多くあります。想定外のことが起きた授業のほうが心が動いたり、感動したりするものです。

大空が開校以来、学期に一度、授業を通して、ありのままの子どもや大人の姿を見ていただき、ともに大空をつくってくださっている東京大学大学院の小国喜弘《こくによしひろ》教授が教えてくださった言葉です。

教師は「教える専門家」から「学びの専門家」に。

この言葉のもつ意味は、限りなく広がる大空のように深いのです。正解はどこにもないでしょう。だからこそ、「学びの専門家」になるための進化あるのみです。

第5章
「みんなの学校」をつなぐ

公立だからできること

開校3年目くらいのある日、大阪市教育委員会から連絡がありました。アイドルグループ「V6」が学校訪問する『学校へ行こう！』というテレビ番組から出演依頼が来たら、「断るように」ということでした。

番組スタッフからの電話を、たまたま私が取ってしまいました。お笑い芸人が子どもたちを笑わせようとしても、笑わなければ勝ち。勝てば賞品が出る。開校したばかりなら、希望したものを渡せる、とのこと。教職員や子どもに尋ねたら、もうやる気満々。V6の熱烈ファンの先生は驚いてひっくり返りました。

撮影当日は、お母さんたちも集まってライブ会場のよう。子どもたちは芸人たちの芸にまったく笑わず、ボールや本をどっさりいただき、すごく喜んでいました。恐らく、市内の小学校全300校のなかで、引き受けたのは大空だけだったでしょう。

オンエア後も市教委からお叱りはありませんでした。方針には逆らいましたが、法律に違反したわけではありません。常々「責任は校長ひとり」と言っています。みんな何も心配していません。

テレビや映画で大空小学校のドキュメンタリーが流れて以来、一番言われる感想が「公立の小学校なのに、こんなことよくできましたね」です。

そのたびに、パブリック（公立）の学校であることを、多くの人が誤解されていると感じます。私自身も、大空の校長になるまでは「公立やから、できることと、できないことが当然ある」と言い、常に何かをできないことの言い訳に使っていた気がします。でも、大空で方針を決めて、ブレずにひたすら歩んでいくうちに、それが間違いだったことに気づきました。

墨江小学校時代、私はこのことで、ひとりの子どもの学習権を保障してやることができませんでした。常にその子に対する反省と、取り返しのつかない時間への心からの謝罪、そして、その子が教えてくれたその子から学んだこと、それは「公立の学校はすべての子どもの学ぶ権利を保障することが何よりも最優先である」こと。その大きな失敗の上に、大空の実践は成立しています。

公立の学校は、伝統と校風があり方針が決められている私学とは違います。公立は、校長のフリーハンドで「子どものための学校づくり」におけるあらゆる実践が可能なのです。優先順位を間違えず、目的のためには手段を選ばないくらいの勇気と情熱があるか、ないか。それだけのことではないでしょうか。

映画が文部科学省で上映されることになり、下村博文大臣ともお会いしました。校長のリーダーシップを、ぜひ全国の管理職を目指す人たちに伝授してくださいと言われました。しかし、校長がリーダーシップのとり方を間違えると、みんなの学校は実現しません。

悩んでいたときに、文科省で最初に私に声をかけてくださった管理職の方が、教育雑誌のコラムに『みんなの学校』のことを書いた記事を送ってくださいました。

「私が全国の校長先生たちに一番伝えたいことは、話がうまいとか、理論がどうとということではなく、どれだけ目の前の事実をつくることが大事か。そこを考えてほしい」

この一文は、つまり、事実をつくる、実践した事実をつくることが、校長の仕事だということです。例えば、学校に来られない子がいる、これが事実。それが自分の子だったら誰でも苦しい。だから、その子が来られるようにする。これが事実です。

「今年はできないから、また来年に検討します」と、学校はよく言います。でも、目の前にいる「3年生」のその子、「4年生」のその子は次の年はいません。その子の一瞬一瞬は二度と還ってこないのです。

教師のころ、これはおかしいから変えましょうと提案しても「途中でそんなん変えられへん」と先輩教員や校長から言われました。スルーされるたび「目の前の子、来年いてないやんか」とずっと思っていました。「明日やりましょう」と言って、今日津波が来て命を奪われる現実がある。学校はもっともっと変わらなければいけないのです。

些細なことですが、大空は２００９年に窓のすりガラスを、すべて透明なガラスに替えました。地域の人や保護者がいつもいっしょにいる。すりガラスでは見づらいので、窓をいつも開けてオープンにしていました。でも、冬になったら寒いから閉める。すると、教室に入りにくくなる。

「だったら、冬でも丸見えになるように透明にしたらどうなん？」と事務主任が提案したのです。実は、大空は開校以来、１枚もガラスが割れていませんでした。これまでの学校の状況では、１週間に１枚割れるところもありました。「こんだけ気になる子がたくさんおるのに、ガラス１枚割れてへん。予算はあります」となり、予算委員会であっさり決定しました。

『学校へ行こう！』で笑いをこらえて勝利した卒業生は、学校へ来ると今だに言います。

「この本、おれが頑張ったからや」と。

開校したばかりで、図書館の本がまったく足りていませんでした。特に、高価な図鑑がなかった。でも、番組から賞品代わりに購入してもらいました。各階のふれあいスペースに置いている図鑑は、子どもたちの大好きな図書として今もあります。

みんながつくる、みんなの学校

毎年の学校評価アンケートを保護者にお願いしますが、大阪市も含めて無記名のところが多いようです。でも、大空は記名式です。なぜなら、学校でやることはすべて目の前の子どもにプラスになることでなければいけない。親が自分の子どもの学ぶ学校をつくっています。無記名など、考えられません。

保護者が大空の子どもたちを育てている主体者のひとりとして、今の大空の教育はどうなのかをきちっと評価することを伝えています。そのなかの質問の一つです。

「あなたは、自分で大空小学校をつくっていますか？」

評価は5段階。なかに「わからない」もあります。評価する側なのに、自分も自己評価しなくてはならない。「校長先生、もう、嫌いやわ」と言いながら、書いてくださいます。開校から数年は、約半数が「わからない」と答えていました。次に多いのが「つくっていません」。ところが、私が退職した9年目は、「まあまあつくってます」を含めると「つくっています」と評価している保護者は全体の7割に達していました。

あとの約3割は、記述欄に「仕事が忙しかったので、あまり貢献できなかった」「転校してきたばかりで、まだ大空のことを理解していません」とか「私は全然できていないから反省します」などと、正直に書いてくださっている。子どもにとって、こんなにうれしいことはありません。

保護者を「サポーター」と呼ぶことも、学校の理念につながる一つの手段になっているかもしれません。お客さんではなく協同経営者なので、よく言われる「学校に子どもを人質に取られている」意識にならずに済みます。

サポーターや地域の方のかかわりはさまざまです。例えば「その日のことはその日に」がモットーです。朝の全教職員のミーティングで、1日の動きを話し合います。ときには、授業時間に食い込むこともあります。授業は始まっているけれど、当然優先順位はこっちです。そんなことが繰り返されるなかで、読み聞かせや図書の整理をしてくださる保護者や地域の人たち、通称「図書レンジャー」が「先生、あの教室、授業どうなってんの？」と職員室に知らせに来ます。

そこで「ごめん。ちょっと見てて。けがしそうになったら言うて」と伝えると、それ以来、図書レンジャーの人たちは、みんなが集中できる本を探したり、子どもへの声かけの仕方を考えたりと、一人ひとりの子どもの違いに心を寄せてくださるようになりました。ともに学校をつくってくださる、なくてはならない力です。

高齢の方もいれば、若い母親もいる。さまざまな人たちが、昔の井戸端会議みたいな空間をつくって子育ての悩みを打ち明けてもいました。モンスターペアレントはいないのですかとよく聞かれるのですが、学校の構造的に「モンスター化」されないだけだと思います。言い換えれば、学校がモンスターをつくっているのかもしれません。

学校はあるものではなく、つくるもの。

学びの主体である子ども自らがつくる。サポーター（保護者）が、自分の子どもの学校を自分がつくる。地域の人が、地域の宝が学ぶ地域の学校を自分がつくる。教職員が、自分の働く学校を自分がつくる。これが「大空の学校づくりの理念」です。

だから、「文句は一切受けつけません。未来がないので。でも、意見は主体があるから、どんな意見でも出し合いましょう」と、サポーターにいつも言っています。

そうすると、校長室にやってきて「あの先生なんやけど」と怒ったかと思うと、ふと我に返り「ここまで文句やったけど、意見に変えるわ」と言うお母さんもいました。以来、ほかの方にも「お母ちゃん、それ文句なん？　意見？」と突っ込みます。サポーターたちは「もう、いややわ。だから嫌いやねん、この学校」と苦笑いで帰っていきます。

保護者がモンスター化するのは、学級崩壊がきっかけになる場合が少なくありません。

特に、気になる子の割合が高い大空では、「あの子がおったらクラスはめちゃくちゃになる」

と言う親がいてもおかしくありません。ところが、モンスターはゼロなのです。

学級崩壊しそうになったらどうするか。私を含めて、職員みんながその教室に入っていきます。先生がすぐに自分を変えるのは難しい。まず子どもが変わればいい。だから、みんなで子どもを変える努力をします。

担任を替える必要があればそうしますが、担任も一生懸命学びたいと思っています。ただ、焦れば焦るほど、頑張れば頑張るほど、子どもたちは離れていく。その原因をつくっているのは担任本人なのです。しかし、子どもたちを変えたら、担任も変わっていきます。子どもを変えるためには、手段を選びません。違う人間がどんどん授業をします。その担任も教室で子どもといっしょに学ぶ。１日の時間割を組み直して、担任以外の先生が授業をします。そのうち、担任は何かをつかみ、自ら授業にチャレンジします。

大空の一人ひとりの子どもは、すべての教職員の子どもなのです。だから、みんながかかわり育てるのが当たり前のことなのです。

子どもは信頼する大人の言うことしか聞きません。とすれば、信頼される学校をつくっていけばいくほど、ブレてしまう大人は子どもから違和感をもたれる。例えば、面倒くさいから自分の都合を優先するとか、そういうことがあれば即反応する。進化すればするほど、大人は鍛えられます。学級崩壊しそうになっても、こうして優先順位を間違えず、担任の責任ではなく学校の責任としてチーム力を高めれば、子どもは育ちます。保護者も子どもの姿を見て安心します。

自分がつくる学校なのか、そうではなくて子どもを人質に取られている学校なのか。保護者の立ち位置次第で、まったく変わってきます。でも、公立だからこそ、その立ち位置を決めることができます。実は、パブリックこそ、目的達成のためにどんな手段でもとれるのです。

地域とつながる「取り柄なくてええのん？」

気になる子のひとりだった子が、家庭の事情のため転校してしまいました。その子の祖母は地域の住民として、ある日ひょっこり学校にやってきました。

「孫は、おれは大きくなったら大空の先生になる、言うてました。勉強とか全然できなかった子が。どうして大空、大空言うのか、私には不思議でしょうがなかった。それで、小学校を見に来ました」

それで、私は教室に入ってもらうよう誘いました。

「おばあちゃん、お孫さんがおらんでも、学校来ていいんよ。教室に入らなわからんから来て」と話したら、「行ってもいいん？」と驚いています。

「おばあちゃん、子ども見てやろっていう大人が来たらあかんって、学校のどっかに書いてあるか？」と言ったら、「えーっ、私なんか、なんも取り柄ないのに、邪魔にならへんかな」と遠慮します。

「その私で、ええねん」

以来、そのおばあちゃんはほぼ毎日、学校に来てくれています。転校したお孫さんはもう大学生になっています。毎朝8時に「出勤」してきて1時間目の終わりくらいまで、ずっとクラスの廊下をウロウロし、気になる子にかかわってくれます。

「先生来たら一発で態度変わるねん。私なんかなめられてるから、なんぼ言うても全然おしゃべりやめへん」と怒ってくださいます。そこで、その子のことを考えます。

おばあちゃんは、自分自身を反省されました。自分にも何かできること、子どもにしてやれることはないかと思って学校に来た。最初は興味本位で来たけれど、さまざまな気づきがあったと言われます。

「校長先生、これ、自分の修行やわ」

自分が間違っていたと思ったことを、悩んでいるお母さんたちに話してくれます。お母さんたちも素直に聞きます。毎日学校に来ているため、学校に勤めている人だと保護者に時折思われるようです。「それやったら先生に相談しといで」と親たちに勧め、行きにくいと言われれば「それなら校長室や」と言ってくれます。「おばあちゃんに言われて来ました」というお母さんは何人もいました。そんな地域のひとりのおばあちゃんの姿を通して、子どもも私たち大人も多くのことを学ばせてもらっています。

おばあちゃんは、私が退職したあとも通い続けてくださっています。

地域の人とつながれることは、非常にありがたいことです。学校のサポーターというと、英語の授業ができるとか、昔遊びを見せるとか、おばあちゃんが懸念を示したように、大人側に何か取り柄がないといけない印象があります。それでは、何かできない人は社会で価値のない存在だと子どもに伝えるのと同じではないでしょうか。

ただし、来てくれてありがとうは言いますが、「お願いします」の関係はつくらないようにしています。でなければ、対等な関係にならない。すべて「ウィン・ウィンの関係」なのです。

学校を開くというのは、ともすれば開くことが目的になってしまっている現実がありま す。学校を開くのは、あくまでも手段。目的は、目の前の子どもが多様な価値観を感じ、自分から自分らしく学校という場で学ぶこと。大人の都合を押しつけることのないよう、気をつけながら行います。

そもそも、地域の人に「何も取り柄がないから学校に行ってはいけない」という印象を与えてはならないのです。

子どもといっしょに授業をしましょう、と私たちは誘います。国語とか算数だけじゃなくて、全校道徳や「いのちを守る学習」での学びが大切です。地震とか津波が来たらどうするか。そんな授業だったら、学びがふくらみます。「昔、伊勢湾台風があったしな」と、普通のおじいちゃん、おばちゃんが子どもといっしょに授業に参加するのです。

地域の人は、鉛筆を持ってきません。でも、意見や感想を書く場合もあります。すると、気になる子が自分の鉛筆は全部折れているのに、筆箱から芯の残っている鉛筆を出してきて「これ貸したる」と差し出します。地域の人たちは「ありがとう」と書き始めますが、貸した本人は、全部折れているから、自分の鉛筆がありません。

すると、クスクス笑って周りの子が「ないやろ、はい」と自分のを貸します。そんな心のほっこりする光景がたくさん見られます。先生に反抗して言うことを聞かない子が、こんな温かい面があったのかと、気づかされたりします。その気づきを得られるのも、子どもを見に行ってやろうと思ってくださる地域の方々のおかげです。

映画『みんなの学校』がもたらしたもの

初めて学校にテレビカメラが入ったのは2010年。開校5年目の年でした。「ちょっと変わった学校がある」と聞いた関西テレビにお勤めの迫川《さこがわ》緑さんが、ニュース番組のなかで紹介されました。当時3年生の女の子が出てきます。

その子は、例えば本を読んでいて「教室に入りなさい」と言われたら「いやだ、もっと読みたい」と自分の気持ちを正直に言う。「このテープが何色に見える?」と先生に聞かれて、みんなが「青」って答えても、その子は「これって青じゃないよ。紫でもない、ピンクでもない。うーん」となる。こだわりが強いのかもしれません。

でも、その子は周りの子の気持ちを察して精力的に動く、素晴らしい一面をもっていました。困った子がいたら職員室に連れてきて「先生、今この子困ってます。大人の力が必要です。誰か暇な人！」と叫んでいる。大人の都合で「今は黙ってて」とか「待ってて」と言うと、「待てない！」と憤る。「これよりも大事なこと何があるの？　1年生、困ってるのよ」と、彼女の言うことのほうが正しい。正義感が強く、みんなを代表してけんかするようなところがあったので、トラブルは絶えませんでしたが、学びのリーダーでした。

周りの子と少し違うからといって別の部屋で大人としかかかわらなかったら、あれだけたくさんの言葉と動きは獲得できません。彼女が1年生のとき、校長室の机の下で泣いていたら、当時の6年生が来て「全然心配ないよ。友だちは1年生だけじゃないよ。大空小学校は安心できるとこやで」と言いました。大人の力で教室に戻すことは難しいのに、安心した顔で6年生に手をつながれて戻っていったこともありました。

その子に「学校で猫を飼う実行委員会をつくる」と言われたとき、私はつい「いいね」と言ってしまいました。実現しなかったとき「大人は口ばっかりだ。子どもをだますなら校長辞めなさい」と言われました。大人の都合も考えてよという気持ちはあるけれど、やはり彼女のほうが正しいのです。今の私があるのは、その子のおかげだと言ってもよいくらい、いろいろなことを教わりました。

迫川さんが最初に撮ったドキュメントを放映するとき、この女の子のお母さんの了解を取らなくてはなりませんでした。

「世の中に出ることになる。ＯＫするか、断るか、お母ちゃんが決めて」

特別支援コーディネーターの先生と話しました。

お母さんは最後の最後まで揺れていました。

「自分の子を、世の中に出す必要がどこにある？」

「でも、これが彼女の素敵なところやから、それを出すことで世の中変える力になるんちゃう？」

話すたびにお母さんは揺れて決め切れない。そこで、子ども本人に聞いたら笑顔で答えました。

「うちは、うちやから、いいよ。うち、テレビに出れたらうれしい」

彼女の夢は女優でした。当時、自分がみんなとちょっと違うとだんだん気づき始めたころで、落ち込むこともあり、よく相談に来ました。けれど、９歳の女の子は、自分を不安に感じる壁を自分で突き破ったのです。

お母さんが了承し、映像が流れてから、彼女はこれまで以上に生き生きした顔を見せてくれました。その子らしい学びのリーダーになりました。

２０１２年の年が明けてすぐに、迫川さんの仕事を引き継ぐ形で同じ局の真鍋俊永さんから「1年間学校の姿を撮ってドキュメンタリー番組にしたい」との申し入れがありました。迫川さんとはご夫婦です。

教職員みんなでかなりの議論をして断る理由を探しました。ちょうどみんなで「パブリックってなんやろ？」と公立校の姿を模索していたころでした。公立校は「重箱の隅《すみ》をつつかれたらあかん」と言いますが、それは塀があるから。塀がなくなって平面になったら隅がなくなる。「つつける隅がない学校をつくろう」とやってきた。

「パブリック（公立）の学校で隠すものって何やろ？」。それは個人情報しかない。でも、本人がＯＫを出せば、個人情報ではなくなります。

最終的に「パブリックの学校で、隠さなあかんことって？」となった。つまり、公立小学校はみんなのもの。カメラが入るなら、どうぞありのままを見てくださいというのは当然のことだ、という結論に達しました。個人情報は個人がＮＯと言えば、撮らなければいい。それは、撮影する側と学校が信頼をつなげば解決できることとです。

最後まで反対したのはベテランチームでした。理由はとにかく自分が映るのがいや。「10年前やったらＯＫするけど……」が理由です。子どもはといえば、ふたりを除いて全員ＯＫ。一方の撮られたくないふたりには、撮られたくないときに胸の前で×をつくるサインを決めました。

最後は、サポーターに手紙を書いて、了解を得ました。そこまでのプロセスを伝えたうえで、映ったら困る場合は申し出てください、と。あとは、スタッフとの信頼関係を築くだけです。ディレクター、カメラマンと音声さんの3人でよく話しました。そして、彼らをよく試しました。

「カメラ1000万円やろ？　1000万円と、子どもと、どっちとる？」

「子どもです」

「ほんまやな？」

そんな積み重ねがいろいろあって、2012年度新学期からカメラが学校にやってきました。

初日から3人とも面喰《く》らっていました。

「僕らの存在感はまったくなかった。普通、カメラを持って小学校に入ったら、わ〜っ！って子どもがたかってきて、大変なんです。でも、大空の場合は、授業が始まったら、みんな普通に席に戻る。すごく落ち着いてますね」

大空は開かれている学校なので、さまざまな人が視察に訪れます。そんなときは大空独自の教科「ふれあい科」がうるおうとき。まさに、想定外の学びのチャンスです。

結局、彼らは1年のうち、およそ135日、学校へやってきました。撮影したテープは40分が600本。2万4000分を彼は観て編集したのです。最初は45分のドキュメンタリー番組でオンエアされました。登場する主な子どもには、自分の姿がテレビに映ることを説明しました。

「断るんなら断り。外に出せば、世間は理解する人ばかりとちゃう。どんな弓矢が飛んでくるかわからへんから」

映像のなかで叱られていた子は当然断るだろうと思ったら「僕、あんとき悪かったの、わかってるから。全然いいよ」とこちらが驚くような反応を見せました。

「あんた、苗字で呼ばれてたで？　ほんまにええの？」

念を押しましたが、「でも、いい」と彼の信念は揺らぎません。仕方がないので、すぐ家に電話してお母さんに来てもらい、廊下で「苗字も出てるし、叱られてるしでな。断ってほしいねん」と根回しまでしたのに、お母さんは我が子が何について叱られたのかを確かめると、「そんな大事なことを叱ってくださってありがとう」と答えられました。

スタッフとは、さまざまな場面を振り返りつつ、よく話し合いました。

「あそこの場面は誤解されるからやめよう」と言うと、迫川さんが耳元で「先生、それブレてますよ。先生ご自身がいやなだけでしょう」と鋭く突いてきます。本音でいかなければ、本質には近づけません。「うん、私がいややねん」と吐露すると、「じゃあ、却下」とそのままＯＫになるのでした。

映画のおかげで「みんなの学校」の足元を振り返ることができました。校長の強力なリーダーシップが、と言われましたが、校長が動いているということは、教職員や地域の方々、もちろん子どもたちが、その何倍も動いているのです。

子どもの前の大人はみんな対等です。気づいたときに、気づいた人が即動く。この理念に沿っているだけのことです。

同僚があるインタビューで「校長先生のすごいところは？」と尋ねられ、こう答えていました。

「もし、うちの校長がスーパースターだとしたら、校長室を開放しているところ。職員、子ども、地域のおじいさん、おばあさん、誰の話でも聞くというところでしょうか」

2代目校長の奮闘

現校長は開校から3年間、教頭としてともに仕事をしたチームのひとりです。温厚で、正直、人当たりも丁寧な、つまり人柄の良い教師。がさつなところのある私とは、タイプが正反対かもしれません。

２０１５年度は新体制でスタートしました。校長以下、全教職員の約半数が異動。大空の風は一新されたのです。新学期を迎えて間もなく、あるクラスの担任と校長あてに手紙が届きました。

先生たちがこれだけ変わると、学校の空気がこんなにも変わるのか。先生たちはあいさつもしない、といったご指摘でした。これを「クレーム」ととるか「ありがたい意見」ととるかでは、対応がまったく違ってきます。

「どうしたらいいでしょうか」という相談の電話に、こう答えました。

「自分ひとりでどうしたらいいかわかれへんときは、みんなに相談したら？」

校長は早速、全教職員に相談したそうです。

「自分たちにはすごく厳しい言葉やけど、そんな空気になってるかもしれへん。だから今から意識して見える形で自分らからあいさつしていくように変えなあかんと思う。まずはとにかく出会った人にどんどんあいさつしましょう」

そんな声が出たそうです。

失敗してもいい。失敗したらやり直せばいい。校長だからといつも良いことができるとは限りません。どんどん自分からトライして失敗して、どんどんやり直したら、その姿に職員みんなが学んでくれると思います。「最後のとりでが校長」という風習が学校にはありますが、さまざまなことを変革しなければいけない時代にはミスマッチです。

校長室は、変わらずやり直しをする場所です。

ところが、そのやり直しについて「やり方が違う」と気になったようです。私といろいろな事例を話しているうちに、彼は自分から「やり直しが、トップダウンになってしまっている」と言いました。

彼は、子どもの話に耳を傾けていました。ただ、最後のひと言がトップダウンになっていたのです。

子どもが来る。「どしたん?」と尋ねる。「こんなことしました」と言う。「なんでそんなことしたん?」「ほんで?」と聞く。原因もわかった。子どもに気持ちを振り返らせることもできた。次にどうしたらいいかも理解させられた、そう思った瞬間、彼の口から、

「わかったやろ。絶対せんときや」

言わなくてもいいひと言が、飛び出していたのです。

ここがポイントです。校長室が説教部屋になるか、子ども自らのやり直しの部屋になる

かの分かれ目です。私も失敗を繰り返してきました。現校長も失敗を繰り返しながら自らの学びにつないでいます。

みんながつくる「みんなの学校」である大空は、創立10年目を迎え、第2ステージに入りました。

校長が替わろうと、教職員が替わろうと、学校の理念である「すべての子どもの学習権を保障する学校をつくる」がぶれない限り、地域の学校「大空小学校」は進化し続けます。

「自分がされていやなことは、人にしない。言わない」

このたった一つの約束は、すべての子ども、すべての大人のためにあるものです。

やり直しが終わって、やり直しの部屋を出る子どもは、今日も堂々と前を向いて、喜びに満ちあふれた表情で出ていくのです。

エピローグ
みんなが教えてくれたこと

大空の卒業式は長時間にわたります。

わずか四十数人の卒業生を送り出すのに、朝9時50分から始めて、正午過ぎまでかかります。形式ばった大人のあいさつはありません。卒業式は、子どもがつくる子どものための「最後の授業」です。大空は、最後の最後まで「子どもが主役」です。

子どもの姿を見てきた来賓として出席する地域のおばあちゃんやおじいちゃんたちは「長うてたまらん」と何度もお手洗いに通われます。それほど時間がかかるし、終了時刻も読めません。

それは、卒業生が卒業証書授与の直前にみんなの前で伝える「卒業メッセージ」に、リハーサルがないからです。6年間、大空で学び、大空をつくってきた子どもたちが何を伝えるのか、私たち教職員もサポーター（保護者）も誰も知りません。在校生代表のサブリーダー（5年生）、サポーター、地域の人たち、教職員の見つめる前で、自分から、自分らしく、自分の言葉で、ラストメッセージを伝えるのです。

2015年3月19日。

私にとって最後に送り出した卒業生は、映画『みんなの学校』では4年生だった子どもたちです。わかりにくいけれど個性豊かな子どもたちが、ともに学び合った学年でした。

最後に聞くラストメッセージは、感慨深いものになりました。

なかでも、ひとりの男の子のメッセージは、教職員みんなを「えーっ！」と驚かせるものでした。

「サブリーダー（5年生）のみんなに言います」

次のリーダーになる5年生が憧れの眼で見つめています。

「みんなね、友だちのなかには、好きな子もいれば、時には暴力ふるってくる子もいてる。僕もそうやった。けどね。先生たちは、大丈夫か、大丈夫かって言ってくれてたけど、本人は全然問題ありませんでした」

私たちの心は動きまくりです。

「ぼくは、しんどくも、何もないのに、周りの先生たちが、大丈夫か、大丈夫かって言って気にかけてくれるから、反対に、それに気を使ってました」

ここで「えーっ」と教職員の声が上がりました（卒業式の最中に）。

「いやや、と思ったら、その友だちのそばに行かなかったら、殴られません」

サブリーダーたちは「そうなんか」というようにうなずいています。教職員はもう、じっとしておれない思いで、「へぇー」「そんなーっ」などと、泣いたり笑ったりです。


暴力をふるう友だちの良さを一番知っていたのが、いつも隣にいたこの子だったのです。だからいっしょにいた。友だちの機嫌が悪くなって殴られそうになったら、さっと逃げる。でも、嵐が去ったら寄り添う。友だちの表面だけを見ない。困っている部分も受け止める。そのような、大人さえ実行するのが難しいことを、子どもは全身で学んでいたのです。

それなのに、私たちはずっとその子が我慢して友だちの横にいるのではないかと心配していたのです。優しいからいつも困っている子に寄り添っている。無理やり引っ張られるときもあるのではないかと気にかけていたのです。周りの大人の力が必要なときはいつでも、といった心の準備を常にみんなでしていたのです。

式のあとに言われました。

「先生たちがそう思ってんのは、すごいわかってた。けど、余計なお世話やってんで」

「子どもを、わかったつもりになってはいけない」と、いつもみんなで確かめ合ってきたのに、やっぱり私たちはまったくわかっていなかったのです。

「子どもって、すごいやろ」

子どもたちから、こんな声をプレゼントしてもらった気がします。

「教える専門家」から「学びの専門家」に。

限りなく広がる大空のように、いつまでも、どこまでも、学び続ける自分でありたい。

「学びは楽しい」

大空のすべての子どもたちと、すべての大人たちが教えてくれたことです。

大阪市立大空小学校初代校長
木村泰子きむら・やすこ

大阪市出身。武庫川学院女子短期大学教育学部保健体育学科
（現武庫川女子大学短期大学部健康・スポーツ学科）卒業。
2006年に開校した大阪市立大空小学校初代校長。
「みんながつくる　みんなの学校」を合い言葉に、
すべての子どもを多方面から見つめ、全教職員のチーム力で
「すべての子どもの学習権を保障する学校をつくる」ことに情熱を注ぐ。
学校を外に開き、教職員と子どもとともに地域の人々の
協力を経て学校運営にあたるほか、特別な支援を必要とされる子どもも
同じ教室でともに学び、育ち合う教育を具現化した。
専門の体育科以外に音楽にも精通、大空小学校校歌の作曲も務めた。
2015年春、 45年間の教職歴をもって退職。
現在は全国各地で講演活動、取材対応など多忙な日々。本書は初著。

企画・構成
フリーライター
島沢優子しまざわ・ゆうこ

筑波大学卒業後、
英国留学を経て日刊スポーツ新聞社東京本社勤務。
1998年よりフリー。「AERA」などの雑誌・WEBなどで、
教育関係・スポーツをフィールドに精力的な執筆活動を行っている。
『桜宮高校バスケット部体罰事件の真実
そして少年は死ぬことに決めた』（朝日新聞出版）
『左手一本のシュート 夢あればこそ！脳出血、右半身麻痺からの復活』
『王者の食ノート－スポーツ栄養士虎石真弥、
勝利への挑戦』（小学館）など著書多数。
企画・構成を担当した
『サッカーで子どもをぐんぐん伸ばす11の魔法』（池上正・著／同）は
8万部のベストセラー。家族は夫と1男1女。日本文藝家協会会員。

「みんなの学校」が教えてくれたこと

学び合いと育ち合いを見届けた3290日

2015年 9月21日　初版第1刷発行
2023年 7月26日　　　第11刷発行

著者　木村泰子

企画・構成　島沢優子

ブックデザイン●ベターデイズ（大久保裕文・芳賀あきな）
イラスト●下杉正子
校正●松井正宏

販売●根來大策
宣伝●阿部慶輔
制作●浦城朋子
編集●小林尚代

発行人●杉本 隆
発行所●株式会社小学館
〒101-8001　東京都千代田区一ツ橋2-3-1
編集 03-3230-5549　販売 03-5281-3555

印刷所●大日本印刷株式会社
製本所●牧製本印刷株式会社

造本には十分注意しておりますが、印刷、製本など製造上の不備がございましたら「制作局コールセンター」（フリーダイヤル0120-336-340）にご連絡ください。（電話受付は、土・日・祝休日を除く9:30〜17:30）

ISBN978-4-09-840163-5